吉林通志

七

[清]長順　訥欽　修
[清]李桂林　顧雲　纂

吉林通志卷五十

武備志一　兵制一　駐防上

吉林城駐防

將軍一員兵司冊　掌鎮守吉林烏拉原作喇等處地方

皇朝通志七十　康熙十五年以甯古塔將軍移駐吉林皇朝文獻通考一百八十　乾隆十三年令打牲烏拉處官兵歸吉林將軍兼轄同上　按皇朝職官表乾隆二十二年定稱吉林將軍是二十二年以前仍應稱甯古塔將軍此似誤　光緒十年以吉林將軍督辦邊防事宜

副都統一員兵司冊

太祖高皇帝辛丑年以諸國徠服人衆編三百人爲一牛彔
每牛彔各設額眞一乙卯年每固山額眞左右設兩
梅勒額眞八旗通志二集一
天聰八年改梅勒額眞以下爲章京順治十八年定
制梅勒章京漢字稱爲副都統皇朝通志六十八
鑲黃旗協領一員佐領五員內公中佐領二世管佐領二陳漢軍佐領一
防禦三員驍騎校五員內陳漢軍驍騎校一領催三十名前鋒
十名甲兵二百七十七名兵司冊
正黃旗協領一員佐領五員內公中佐領一世管佐領四防禦二
員驍騎校五員領催二十八名前鋒十名甲兵二百

八十七名同上

正白旗協領一員佐領五員內公中佐領二世管佐領二陳漢軍佐領一防禦二員驍騎校五員內陳漢軍驍騎校一領催三十名前鋒十名甲兵二百八十二名同上

鑲白旗協領一員佐領五員內公中佐領二世管佐領三防禦三員驍騎校五員領催二十九名前鋒十名甲兵二百八十六名同上

正紅旗協領一員佐領五員內公中佐領二世管佐領三防禦二員驍騎校五員領催二十九名前鋒十名甲兵二百八十六名同上

鑲紅旗協領一員佐領五員内公中佐領二世管佐領三防禦三員驍騎校五員領催二十九名前鋒十名甲兵二百八十七名同上

正藍旗協領一員佐領五員内公中佐領三世管佐領二防禦三員驍騎校五員領催二十九名前鋒十名甲兵二百八十六名同上

鑲藍旗協領一員佐領五員内公中佐領二世管佐領三防禦三員驍騎校五員領催二十九名前鋒十名甲兵二百八十七名同上

蒙古旗協領一員佐領八員内巴爾虎佐領六世管佐領二驍騎校

八員領催四十七名甲兵三百五十六名同上
烏槍營參領一員佐領八員驍騎校八員領催三十九名旗纛四十名甲兵五百二十九名同上
佐領掌稽所治人戶田宅兵籍以時頒其職掌初天命元年始編置滿洲牛彔八年增編蒙古牛彔天聰四年增編漢軍牛彔八年制管牛彔者即爲牛彔章京順治十七年定牛彔章京漢字稱爲佐領分得撥什庫漢字稱爲驍騎校漢文如舊佐領所治以三百人爲率丁口滋生則遞有增設佐領之制有世襲有公中世襲佐領有四等

國初各部落長率其屬來歸授之佐領以統其衆爰及
苗裔曰勳舊佐領其率衆歸誠功在旗常得
賜戶口者曰優異世管佐領其僅同弟兄族里來歸因授
之以職奕葉相承者曰世管佐領其戶少丁稀合編
佐領兩姓三姓迭爲是管者曰互管佐領皆以應襲
者引
見除授公中佐領則因八旗戶口蕃衍於康熙十三年以
各佐領撥出餘丁增編佐領使旗員統之（皇朝通志六十
八）
凡無根由佐領初編時卽非一姓承管者爲公中佐

領會典六十八

領催每佐領下五人掌登記檔册及支領俸餉同上

右自將軍副都統外協領參領佐領防禦驍騎校領催前鋒旗彔甲兵大凡三千七百四十六員名皆以光緒十八年司册之數爲定其康熙十年以來之沿革甄采諸書附列於後以備治掌故者考焉

康熙十年增設協領八人佐領防禦驍騎校各十二人按會典事例作八人兵六百名按會典事例作庫雅喇兵六百名八旗通志作十六年又以甯古塔佐領驍騎校各十一人兵七百名移駐

吉林　十三年增設防禦十五人　十六年增設佐領驍騎校各二十六人兵按八旗通志作新滿洲兵一千二百二十一名　二十九年撥佐領驍騎校各二十一人防禦十三人兵八百名往駐黑龍江地方增設滿洲佐領驍騎校各五人防禦十四人錫伯佐領驍騎校各一人漢軍佐領驍騎校各一人滿洲兵七百三十名錫伯兵六十名漢軍兵七十名按八旗通志是年隨將舊滿洲兵新滿洲兵席北兵漢軍兵共八百名補足原數　三十一年增設滿洲佐領驍騎校各六人錫伯佐領驍騎校各十六人巴爾虎佐領驍騎校各八人錫伯兵一千名巴爾呼按八旗通志作喀爾

喀巴爾虎兵四百名　三十八年增設滿洲佐領驍騎校各一人移吉林錫伯佐領驍騎校各十六人錫伯兵一千名於

京師　五十二年增設烏拉兵五百七十九名即以吉林餘丁四百名充伯都訥兵額　五十四年撥兵八十名往駐三姓仍以餘丁補吉林兵額　雍正三年自吉林移駐滿洲兵二百名於阿勒楚喀　四年裁巴爾呼佐領驍騎校各一人巴爾呼兵五十名增設漢軍佐領驍騎校各一人漢軍兵五十名按會典事例改巴爾虎佐領驍騎校各一人爲漢軍佐領驍騎校三年改巴爾虎兵五十名爲漢軍兵八旗通志無裁巴爾虎

兵五十名　五年以打牲烏拉處壯丁一千名移充吉林兵　六年以佐領驍騎校各二人兵一百名移駐伊通河皇朝文獻通考一百八十二　十年設協領二人增設佐領驍騎校各十八人防禦八人會典事例四百二十九　按皇朝文獻通考此條未載　十一年設烏槍營參領一人佐領驍騎校各八人按會典事例作乾隆元年設　以臺站官屯水手各漢軍餘丁選充烏槍兵一千名皇朝文獻通考一百八十二　乾隆三年自吉林移駐額穆赫索羅滿洲兵一百二十名同上　五年以協領二人佐領驍騎校各十人防禦八人移往打牲烏拉地方會典事例四百二十九　按皇朝文獻通考此條未載

又以吉林兵內打牲壯丁一千名仍撤還原處皇朝文獻通考一百八十二　二十五年增漢軍鳥槍兵三百二十八名同上　二十八年鳥槍營佐領改由陳漢軍驍騎校內選放吉林外紀三　三十年增設蒙古協領一人皇朝文獻通考一百八十二　按外紀是年緬巴爾虎錫伯八等入蒙古旗添設蒙古協領一人　四十三年鳥槍營參領改由陳新漢軍佐領內選放改漢軍佐領由陳新漢軍驍騎校內選放外紀　嘉慶二十三年裁防禦二人移往雙城堡改設佐領二人是年裁吉林滿洲正白正紅旗內防禦各一人同上

軍器　正黃旗協領佐領防禦驍騎校盔甲十四副

弓二十八張撒袋腰刀如盔甲數梅針箭二千二百
支大纛十桿海螺五箇　領催前鋒額兵盔甲一百
三十八副弓三百十五張撒袋腰刀如弓數梅針箭
一萬六千五百十支旗幟三十二桿長矛槍一百五
十八桿帳房二十三架鍋二十八口兵司册
鑲黄旗協領佐領防禦驍騎校盔甲十四副弓二十
八張撒袋腰刀如盔甲數梅針箭二千二百支海螺
三箇　領催前鋒額兵盔甲一百三十七副弓一百
九張撒袋腰刀如弓數梅針箭一萬二千六百四十
支旗幟三十二桿長矛槍一百五十七桿鳥槍六十

五桿帳房二十二架鍋二十一口同上
正白旗協領佐領防禦驍騎校盔甲十三副弓二十
六張撒袋腰刀如弓數梅針箭二千五十支大纛十
桿海螺三箇　領催前鋒領兵盔甲一百三十八副
弓三百十張撒袋腰刀如弓數梅針箭一萬五千二
百六十支旗幟二十九桿長矛槍一百五十桿帳房
十六架鍋二十四口鳥槍六十五桿同上
鑲白旗協領佐領防禦驍騎校盔甲十三副弓二十
六張撒袋腰刀如盔甲數梅針箭二千五十支大纛
十桿海螺三箇　領催前鋒領兵盔甲一百三十副

弓三百二十五張撒袋腰刀如弓數梅針箭一萬七千十支旗幟二十九桿長矛槍一百六十桿帳房四十四架鍋四十九口同上

正紅旗協領佐領防禦驍騎校盔甲十三副弓二十六張撒袋如弓數腰刀十三把梅針箭二千五十支大纛十桿海螺五箇　領催前鋒額兵盔甲一百三十副弓三百十五張撒袋腰刀如弓數梅針箭一萬六千五百九十支旗幟二十八桿長矛槍一百六十四桿帳房二十六架鍋二十九口鳥槍六十五桿同上

鑲紅旗協領佐領防禦驍騎校盔甲十四副弓二十

八張撒袋腰刀如盔甲數梅針箭二千二百支大纛十桿海螺四箇　領催前鋒領兵盔甲一百三十副弓三百二十六張撒袋腰刀如弓數梅針箭一萬七千四十支旗幟二十九桿長矛槍一百六十一桿鳥槍六十四桿帳房二十七架鍋四十七口同上

正藍旗協領佐領防禦驍騎校盔甲十三副弓二十六張撒袋腰刀如盔甲數梅針箭二千五支大纛十桿海螺五箇　領催前鋒領兵盔甲一百三十九副弓三百十六張撒袋腰刀如弓數梅針箭一萬六千五百四十支長矛槍一百六十一桿鳥槍六十四桿

帳房四十架鍋四十五口同上

鑲藍旗協領佐領防禦驍騎校盔甲十四副弓二十八張撒袋腰刀如盔甲數梅針箭二千五十支大纛十桿海螺四箇　領催前鋒額兵盔甲一百四十一副弓三百十五張撒袋腰刀如弓數梅針箭一萬六千五百三十支旗幟二十九桿長矛槍一百六十三桿鳥槍六十五桿帳房四十三架鍋四十四口同上

蒙古旗協領佐領驍騎校盔甲十七副弓三十四張撒袋腰刀如盔甲數梅針箭二千六百五十支大纛十六桿海螺六箇　領催前鋒額兵盔甲一百六十

三副弓四百三張撒袋腰刀如弓數梅針箭二萬一千五百支旗幟四十七桿長矛槍二百四桿鳥槍十桿帳房四十七架鍋四十八口同上

鳥槍營參領佐領驍騎校盔甲十七副弓三十四張撒袋腰刀如盔甲數梅針箭二千六百五十支大纛十六桿海螺十五箇　領催旗兵盔甲二百八十八副弓六百八張撒袋腰刀如弓數梅針箭三萬一千九百八十支旗幟八十桿長矛槍三百四桿鳥槍六百七十四桿帳房四十九架鍋七十一口同上

駐防兵教場離城北二里周圍六里康熙三十九年

設立八旗通志二十四

水師營駐防

總管一員四品官二員五品官二員六品官四員兵司册

領催十二名水手正丁二百五十名匠役正丁四十五名兵司册

右總管四品五品六品官領催水手匠役大凡三百十六員名

順治十八年設吉林水師營以遷移人充水手　康熙三年設吉林水師營總管各員統轄水手　十三

年移水師營總管於黑龍江地方於吉林水師營設四品五品官各二人　十六年增設水師營六品官二人　二十六年設吉林運糧船漢軍水手二百五十八名修船匠四十八名皇朝文獻通考一百八十二　光緒十四年復設總管一人六品官二人兵司冊

布特哈烏拉總管衙門

總管一員兵司冊　駐紮吉林北之打牲烏拉城屬吉林將軍皇朝文獻通考一百八十二

順治十八年設總管一員統轄珠軒頭目副頭目及蜑戶蜜戶漁戶獵戶專司採捕諸役同上　先是順治十

四年設六品掌關防總管至是改爲四品總管據兵司册

康熙三十七年改爲三品總管同上

左翼翼領一員五品翼領二員兵司册

右翼翼領一員五品翼領二員同上

驍騎校十五員七品驍騎校七員委官十四員同上

領催二十四名採蜜領催三名官莊領催一名珠軒達一百十名鋪副一百三十八名打牲丁三千九百九十三名同上

右總管翼領驍騎校領催珠軒達鋪副打牲丁大凡四千三百十三員名

打牲烏拉官兵本隸內務府三旗自順治初年設打牲烏拉協領二人以打牲壯丁編設佐領驍騎校乾隆五年以吉林兵內打牲壯丁一千名仍撤還原處皇朝文獻通考一百八十二

烏拉城駐防

協領一員兵司冊與總管同駐烏拉城

左翼佐領四員防禦二員驍騎校四員同上

右翼佐領四員防禦二員驍騎校四員同上

兩翼領催四十八名甲兵六百五十二名同上

右協領佐領防禦驍騎校領催甲兵大凡七百二

十一員名

乾隆五年以吉林協領二人佐領驍騎校各十八人防禦八人移往打牲烏拉地方（會典事例四百二十九）二十五年以打牲烏拉佐領驍騎校各二人移駐甯古塔裁打牲烏拉兵三百名（皇朝文獻通考一百八十二）三十年裁協領一人移駐甯古塔防禦四人（會典事例四百二十九）嘉慶二十三年以驍騎校一人移駐雙城堡（吉林外紀四）光緒十六年增驍騎校一人（兵司冊）

按烏拉總管隸內務府協領爲駐防各治其事不相統屬通考載總管以下卽槩以協領各員似誤

合爲一今分著之以存其實

軍器　協領佐領防禦驍騎校盔甲二十一副弓四十二張撒袋腰刀如盔甲數梅針箭三千二百五支大纛十六桿海螺八箇　領催領兵盔甲二百九十副弓六百九十八張撒袋腰刀如弓數梅針箭三萬五千八百二十支旗幟四十八桿長矛槍三百四十八桿帳房一百七十四架鍋一百七十四口册報

伊通駐防

鑲黃旗佐領一員兵司册　駐紮吉林西北之伊通河地方按即今伊屬吉林將軍考一百八十二通州城　皇朝文獻通防禦一

員驍騎校二員兵司冊

正黃旗佐領一員駐紮見上防禦一員驍騎校二員同上

兩翼領催十二名甲兵一百八十八名同上

右佐領防禦驍騎校領催甲兵二百有八員名

雍正六年以吉林佐領驍騎校各二人兵一百名及開原防禦驍騎校各二人兵一百名移駐伊通河

皇朝文獻通考一百八十二

軍器　伊通佐領防禦驍騎校盔甲八副弓十六張撒袋腰刀如盔甲數梅針箭一千一百支　領催領兵盔甲一百六十六副弓二百張撒袋腰刀如弓數

梅針箭一萬二百四十支旗幟十一桿長矛槍一百桿帳房五十架鍋五十口報冊

額穆赫索羅駐防

佐領一員兵司冊駐紮吉林東北之額穆原作木赫索羅原作羅地方屬吉林將軍考一百八十二皇朝文獻通

防禦一員驍騎校一員兵司冊

領催六名甲兵一百十四名同上

右佐領防禦驍騎校領催甲兵一百二十三員名

乾隆三年設額穆赫索羅佐領防禦驍騎校各一人

自吉林移駐滿洲兵一百二十名考一百八十二皇朝文獻通

軍器　佐領防禦驍騎校領催額兵盔甲十副弓二十張撒袋腰刀如盔甲數梅針箭一千五百支原設軍器同治十二年賊燬兵司冊

伊通邊門駐防

防禦一員兵司冊　駐紮吉林西北之伊通邊門屬吉林將軍考一百八十二皇朝文獻通

領催一名甲兵十九名兵司冊

巴彥鄂佛羅八旗通志作巴陽俄佛洛邊門駐防

防禦一員兵司冊　駐紮吉林北之巴彥鄂佛羅邊門屬吉林將軍考一百八十二皇朝文獻通

領催一名甲兵十九名兵司册

赫爾蘇邊門駐防

防禦一員兵司册駐紮吉林西北之赫爾蘇邊門屬吉林將軍皇朝文獻通考一百八十二

領催一名甲兵十九名兵司册

佈爾圖庫按盛京通志會典事例作布爾圖庫蘇巴爾虎又外紀佈爾圖庫未詳或稱蒙古語爲完全之義蘇巴爾漢國語塔也以門之東南塔山爲名乾隆間奉部文裁蘇巴爾漢四字惟稱佈爾圖庫又名半拉山門邊門駐防

防禦一員兵司册駐紮吉林西北之佈爾圖庫邊門屬吉林將軍皇朝文獻通考一百八十二

領催一名甲兵十九名兵司冊

右四邊門除筆帖式載職官外防禦領催甲兵大凡八十四員名

康熙二十年撥吉林防禦四人兵八十名分駐伊通巴彥鄂佛羅赫爾蘇佈爾圖庫四邊門防禦各一人兵各二十名考一百八十二皇朝文獻通

領催各七名臺丁各一百五十名紀四吉林外總領催各一名臺

軍器四邊門防禦領催額兵盔甲三副弓八十八張撒袋八十四分腰刀八十四把梅針箭六百八十八支冊報

五常堡駐防

協領一員兵司册

正黄旗佐領一員防禦一員驍騎校二員同上

鑲黄旗佐領一員防禦一員驍騎校二員同上

兩翼領催十名甲兵四十名副領催十二名副甲兵一百五十名同上

右協領佐領防禦驍騎校領催甲兵副領催副甲兵大凡二百二十一員名

同治六年八月將軍富明阿奏五常堡自咸豐四年開墾領地游民瀋陽旗籍援引就親來堡落户者上

年查明五百餘戶現復增添至一千八百戶雜處荒壤向無約束若令歸旗入檔春種秋操不獨藉以實兵額而鎮靜地方

國祚綿長即將來不能不用子弟兵力且該浮丁內前經派赴山東踴躍向前入旗教練自成勁旅應在該堡添設協領一員佐領二員防禦二員驍騎校四員無品級筆帖式三員編爲正黃鑲黃（原奏爲鑲黃正白八年改定）二旗每旗各設副甲兵一百名春種秋操藉以鎮靜地方所請添設等官分旗管兵協領一員總司堡務而協領銜署又應照雙城堡總管屬下設立左右二

司以資辦公第查經徵事繁應再由該浮丁內擇其
公正者派爲領催委官十二名分在兩旗責令約束
副甲兵各一百名暨充膺各路界官以便催科兼查
賊匪並由副甲兵內擇其秀良派委額外筆帖式六
名俾資貼書額外僱募仵作二名皂役四名藉以差
遣至添設協佐防校筆帖式等官各應支俸餉銀米
即照通省官弁領項劃一辦理領催委官額外筆帖
式等均支食半餉以期撙節惟給發半餉不敷差操
擬請領催委官十二名於半餉外各予熟地二十晌
副甲兵及額外筆帖式共二百名各予熟地十五晌

均令作爲隨缺官地歸旗入册檔册

八年四月將軍富明阿又奏稱五常堡添設協佐防校等官及無品級筆帖式三員均請作爲公缺由通省所屬滿蒙漢八員内照依舊例以次拔補請由禮部頒發協領關防一顆佐領鈐記二顆以照信守同上

甯古塔城駐防

副都統一員兵司册駐紮甯古塔城統於吉林將軍

皇朝文獻通考一百八十二

左翼協領一員佐領六員防禦四員驍騎校六員兵司册

右翼協領一員佐領六員防禦四員驍騎校六員同上
凡佐領十二員內公中佐領八世管佐領四
兩翼領催七十二名前鋒三十八名甲兵一千二百七名同上
右自副都統外協領佐領防禦驍騎校領催前鋒甲兵大凡一千三百五十一員名
順治十年設甯古塔佐領驍騎校各八人八旗滿洲兵四百三十名　十二年增設甯古塔防禦四人十八年增設甯古塔佐領驍騎校各十八人防禦二人兵五百名　康熙三年增設甯古塔佐領驍騎校各

一人兵六十六名　七年增設甯古塔協領二人
十年以甯古塔佐領驍騎校各十一人兵七百名移
駐吉林　十七年增設甯古塔佐領驍騎校各三人
兵二百九十名　二十九年撥甯古塔佐領驍騎校
各四人防禦一人兵二百名往駐黑龍江地方增設
甯古塔防禦三人兵一百五十六名　五十二年增
設甯古塔佐領防禦驍騎校各三人兵四百五十八
名　乾隆二十五年以打牲烏拉佐領驍騎校各二
人移駐甯古塔又增兵四百名　二十七年增設甯
古塔委署驍騎校二十二人　三十年以打牲烏拉防

禦四人移駐甯古塔皇朝文獻通考一百八十二　道光六年由甯古塔撥往拉林防禦四人吉林外紀三

軍器　左右翼協領佐領防禦驍騎校領催前鋒領兵盔甲三十四副弓六十八張撒袋腰刀如盔甲數梅針箭五千三百支鐵礮二尊重四百斤鐵礮一尊重二百五十斤鐵礮四尊重一百五十斤鳥槍一百五十桿光緒元年三年領二百五十桿十一年繳回一百桿來福槍三百桿光緒三年十一年兩次領快槍十桿光緒十三年領冊報

康熙十九年二十三年陸續領軍器三百三十分四十一年領軍器十三分　五十四年領軍器四百

五十八分　五十八年補設出征遣兵領軍器九十分　雍正四年裁遣兵軍器存庫　七年補設出征遣兵除庫存軍器九十分外是年領三百六十分九年領鳥槍二百桿　乾隆二十五年撥吉林打牲烏拉兵攜軍器四百分　二十九年鎔不整盔甲八百三十副鐵葉存庫　三十六年鑄存鐵片送吉林造船　道光五年撥兵阿勒楚喀拉林攜往軍器八十分　同治十年城陷賊燬盔甲五百七十副弓一千三百十七張撒袋七百九十二分腰刀七百九十二把梅針箭六萬八千三十支大纛二十四桿旗幟

七十二桿長矛槍六百五十九桿鳥槍二百桿帳房二百七十四架鍋如帳房數軍營攜帶帳房五十五架鍋五十五口兵司冊

八旗駐防兵教場離城東三里周圍四里八旗通志

伯都訥城駐防

副都統一員兵司冊駐紮伯都訥城統於吉林將軍皇朝文獻通考一百八十二

康熙三十一年以吉林副都統一人移駐伯都訥同上

左翼協領一員佐領七員防禦四員驍騎校六員兵司冊

右翼協領一員佐領五員防禦四員驍騎校六員同上

凡佐領十二員內公中佐領十蒙古佐領二

兩翼領催七十三名前鋒三十六名甲兵八百八十八名同上

右自副都統外協領佐領防禦驍騎校領催前鋒甲兵大凡一千三十二員名

康熙三十一年設伯都訥協領二人佐領驍騎校各三十人防禦八人錫伯兵一千四百名卦勒察兵六百名　三十八年移伯都訥錫伯佐領驍騎校各二十一人錫伯兵一千四百名於

盛京充駐防兵額　四十年增設伯都訥蒙古佐領驍騎校各二人蒙古兵一百名　五十二年增設伯都訥佐領驍騎校各一人兵四百名　雍正三年自伯都訥移駐卦勒察兵一百名又以卦勒察餘丁選充兵一百名　皇朝文獻通考一百八十二

軍器　左右翼協領佐領防禦驍騎校盔甲三十四副弓六十八張撒袋腰刀如盔甲數梅針箭五千九百支　領催前鋒領兵盔甲三百二十二副弓九百九十六張撒袋腰刀如弓數梅針箭五萬六千九百六十支大纛二十四桿旗幟七十一桿大礮十三尊

内損壞二 連環鐵礮一尊鐵礮一尊子母礮二尊損壞 生鐵礮二尊 一損壞 鳥槍三百八十六桿六損壞 擡槍五十桿擡礮三桿牛蹄礮六桿大鳥子十五桿扎槍十五桿帳房二百四十九架鍋二百四十九口冊報

八旗駐防兵教場離城北一里周圍四里八旗通志 原在城南今移東門外演武廳三間冊報

三姓城駐防

副都統一員兵司冊 駐紮三姓城統於吉林將軍皇朝文獻通考一百八十二

左翼協領一員佐領八員防禦四員驍騎校八員兵司

册

右翼協領一員佐領八員防禦四員驍騎校八員同上

凡佐領十六員內公中佐領十三世管佐領三

兩翼領催九十五名前鋒三十七名甲兵一千三百六十五名

右自副都統外協領佐領防禦驍騎校領催前鋒甲兵大凡一千五百三十九員名

康熙五十三年設三姓協領一人佐領防禦驍騎校各四人即以捕貂之新滿洲二百名充三姓領兵五十四年撥吉林兵八十名往駐三姓　雍正五年

增設三姓副協領一人兵八百名又以八旗壯丁選充三姓額兵一千名按冊報將八姓赫哲打牲人等挑拔甲兵一千爲雍正十年事十年增設佐領驍騎校各十六人防禦十二人以原設協領副協領改爲左右兩翼協領　乾隆十七年撥三姓兵六十名往駐琿春　二十一年以三姓佐領驍騎校各五人防禦八人兵三百名移駐阿勒楚喀是年又增三姓兵二百名皇朝文獻通考一百八十二
嘉慶二十三年裁三姓驍騎校一人移往雙城堡吉林外紀三道光五年移往阿勒楚喀拉林甲兵一百五十名　同治九年移往雙城堡前鋒二名　十一年添

設佐領一人驍騎校二人領催前鋒各五名甲兵一百二十五名　光緒十一年移往琿春前鋒三名十五年移往雙城堡領催二名兵司册

同治十年七月將軍奕榕等奏竊據三姓副都統勝安咨報以該處地處極邊與外夷接壤南抵甯古塔北達黑龍江均在數百里外相距鄰封甚遠地曠城孤賴兵駐守自康熙年間設立官兵其時地方靖謐足資鎮守乾隆以後移撥阿勒楚喀拉林雙城堡琿春等處分防弁兵僅賸協領二員佐領十五員防禦八員驍騎校十四員委署驍騎校一員披甲一千三

百六十五名疊次徵調出征過半存營無幾繼復與
俄夷分界設卡分防愈覺差繁兵寡咸豐九年雖經
奏添西丹三百名而役使操防終不如馬甲正兵之
得力請仿照琿春裁撤副甲添設官兵奏准之案可
否裁去西丹三百名由正藍旗改添佐校領催前鋒
披甲各缺益其正額統歸舊制以資鎮攝等情咨報
前來臣等督飭司員詳細核議查三姓地處東北極
邊距省一千三百餘里孤城遠立復與俄界毗連守
土防邊均關緊要溯查康熙五十三年以後陸續設
兵分撥官兵不敷差操軍興以來復又徵調頻仍存

營官兵更屬無幾茲據該副都統咨請援照同治八年富明阿等奏准琿春添兵成案請將三姓西丹三百名全數裁撤撙出餉銀添設官兵等情自係愼重邊防以期永遠足兵起見惟經費有常自應以裁撤之錢糧作添兵之額餉庶不致額外加增經費查該處八旗現在額賸佐領十五員驍騎校十四員按每旗佐領驍騎校各二員正藍旗短設佐領一員驍騎校一員鑲黃旗短設驍騎校一員比年以來因該旗事務較繁復設委驍騎校一員幫辦旗務八旗額賸領催前鋒披甲一千三百六十五名　臣　等逐細籌核

按照所裁西丹錢糧數目總計應請添設正藍旗佐領一員驍騎校一員馬兵一百二十五名領催五名前鋒五名並請將鑲黄旗委驍騎校作爲額缺驍騎校每旗仍歸佐領二員驍騎校二員之數管理旗務所添領催前鋒披甲連額臜之數共一千五百名均按八旗分撥教演核計新添佐領一員應支俸銀一百零五兩驍騎校每員俸銀六十兩披甲一百二十五名應支餉銀三十兩領催前鋒共十名應支餉銀三百六十兩統共新添官兵應歲支俸餉銀三千五百八十五兩除請裁西丹三百名每名月支錢糧三

吊共須錢一萬八百吊撥二吊五百文折銀計共四千三百餘兩歸入俸餉項下抵充外核之新添官兵應支餉項有盈無絀如此變通酌議裁撤西丹增益正兵雖未能足敷三百名西丹之數而酌添官兵各歸鈐束實於邊防營伍大有裨益檔冊

軍器　盔甲六百三十副弓二百九十九張撒袋腰刀如弓數梅針箭一萬五千五百三十支大纛三十桿旗九十桿帳房三百三十八架均已霉爛鍋如帳房數均已損壞鳥槍二百五十四桿擡槍一百零三桿來福槍二百九十桿冊報

康熙五十六年領軍器二百八十五分大纛八桿旗
幟二十四桿　雍正十一年領軍器一千八百分
十二年領排槍二百桿　乾隆十六年撥兵琿春
携往軍器六十分　二十一年裁兵撥軍器三百分
於拉林二百分存庫　二十六年將弓箭撒袋梅針
箭腰刀送吉林烏拉甯古塔以抵鹿巴里坤軍營撤
回之兵　二十九年部准挑留盔甲六百三十副將
損壞者鎔鐵於三十六年將鎔鐵送存吉林軍庫
道光五年移阿勒楚喀拉林軍器一百五十分每分弓撒
袋腰刀各一梅針箭各五十　長槍七十五桿鍋帳三十八分　咸

豐四年領鳥槍一百桿　五年領大礮二尊小礮二尊俱不堪用擡槍十桿鳥槍一百桿內二十桿不堪用　八年領鳥槍五十桿擡槍二十桿內不堪用五桿　十年領大礮二尊安設黑河口年久損壞鳥槍一百五十桿內不堪用三十桿　又大礮二尊擡槍五十桿內不堪用五十桿　十一年製大小擡礮十二尊擡槍十桿　同治九年移撥雙城堡軍器五分十一年添佐領驍騎校領催前鋒甲兵未領軍器以上應存盔甲六百三十副弓一千三百七十張撒袋腰刀如弓數梅針箭七萬一千一百支長槍六百八十五桿帳房鍋各四百二十大纛三十桿旗九十

桿除歷次徵調河南江南直隸山東伊犂甘肅等處

官兵攜出軍器及損失未歸外現有軍器如前數檔冊

八旗駐防兵教場在城東門外演武廳三間冊報

富克錦城駐防光緒七年設

協領一員駐紮三姓東之富克錦城轄於三姓副都

統統於吉林將軍兵司冊

佐領四員均係公中防禦二員驍騎校四員同上

領催十二名甲兵四百名同上

右協領佐領防禦驍騎校領催甲兵大凡四百三

十一員名

阿勒楚喀城駐防

副都統一員兵司冊駐紮阿勒楚喀城統於吉林將軍

皇朝文獻通考一百八十二

左翼協領一員佐領四員防禦五員驍騎校四員兵司冊

右翼協領一員佐領四員防禦五員驍騎校四員同上

凡佐領八員均係公中佐領

兩翼領催三十六名前鋒八名甲兵五百二十七名同上

右自副都統外協領佐領防禦驍騎校領催前鋒

甲兵大凡五百九十九員名

雍正三年設阿勒楚喀按會典事例作拉林協領一人佐領驍騎校各五人防禦五人兵四百名內自吉林移駐滿洲兵一百名又以滿洲餘丁選充兵一百名自伯都訥移駐卦勒察兵一百名以卦勒察餘丁選充兵一百名　十年增設阿勒楚喀佐領驍騎校各三人滿洲兵一百十二名　乾隆九年改阿勒楚喀協領爲拉林右翼協領合原設佐領防禦驍騎校各員及兵五百十二名俱屬拉林副都統皇朝文獻通考一百八十二

十九年十月

命阿勒楚喀駐防兵丁增設副都統一協領一每年加賞農
具銀兩俟二十年後停止東華錄　二十一年以三姓
佐領驍騎校各五人防禦八人兵三百名移駐阿勒
楚喀增設委署協領二人委署佐領五人委署驍騎
校五人虛銜驍騎校四人合拉林所設共協領委署
協領各二人佐領驍騎校各十三人防禦十人委署
佐領驍騎校各五人虛銜驍騎校十二人兵八百十
二名均隸兩副都統尋遞增設虛銜驍騎校至二十
四人　二十七年定阿勒楚喀拉林二處分駐兵各
四百六名考一百八十二皇朝文獻通　三十四年由拉林移

駐阿勒楚喀防禦四人　三十九年由阿勒楚喀移駐拉林防禦一人會典事例四百二十九　嘉慶十年增吉林阿勒楚喀前鋒十名　道光□年添設吉林阿勒楚喀地方無品級筆帖式及委官各二員東華錄

光緒八年將委協領委佐領各一人均改爲實缺委驍騎校二人改爲實缺兵司册

軍器　左右翼協領佐領防禦驍騎校弓五十四張撒袋二十七分腰刀如撒袋數梅針箭三千七百五十支大纛十三桿　領催前鋒領兵弓五百七十一張撒袋腰刀如弓數梅針箭二萬九千四百三十支

旗幟三十六桿長矛槍二百九十二桿擡槍二十五
桿鳥槍二百桿帳房一百九十四架鍋如帳房數
原領盔甲官員二十七副甲兵一百三十七副同治
五年城陷焚擄無存弓箭撒袋腰刀長矛槍鍋帳均
如額補製符前數兵司册

八旗駐防兵教場離城半里周圍二里八旗通志二十四

拉林城駐防

協領一員駐紮拉林城屬於阿勒楚喀副都統報册

左翼佐領四員防禦三員驍騎校四員同上

右翼佐領四員防禦二員驍騎校四員同上凡佐領八員均係

公中
兩翼領催三十六名前鋒八名甲兵四百四十九名
同上
右協領佐領防禦驍騎校領催前鋒甲兵大凡五
百十四員名
乾隆九年設拉林副都統一人改阿勒楚喀協領爲
拉林右翼協領合原設佐領防禦驍騎校各員及兵
五百十二名俱屬拉林副都統增設拉林左翼協領
一人又增虛銜驍騎校六人　十年增設拉林虛銜
驍騎校二人皇朝文獻通考一百八十二　二十一年由三姓

移往拉林佐領五人防禦八人驍騎校五人是年分拉林阿勒楚喀爲二城拉林副都統管轄協領一人佐領六人防禦五人驍騎校七人　三十四年拉林副都統裁汰其地方歸併阿勒楚喀兼轄令協領一人駐紮該處再由拉林移往阿勒楚喀防禦四人

三十九年由阿勒楚喀移往拉林防禦一人會典事例四百二十九

道光四年由甯古塔撥往拉林防禦四人吉林外紀三

光緒八年增設佐領二人驍騎校一人册報

按皇朝文獻通考會典事例所載拉林阿勒楚喀二城駐防官兵建設不同通考則以乾隆九年設副都統爲駐防之始會典則雍正三年已設協領駐防原其始末分城之先官兵無定員故所載互異今載

通考建設於前而列會典外
紀册報增裁於後俾可考焉

軍器　協領佐領防禦驍騎校盔甲二十二副弓四十四張撒袋腰刀如盔甲數梅針箭三千四百支
領催前鋒額兵盔甲一百八十副弓四百九十三張撒袋腰刀如弓數梅針箭二萬五千五百三十支旗幟三十六桿長矛槍二百五十三桿帳房一百二十五架鍋如帳房數同上

雙城堡駐防

協領一員駐紮雙城屬於阿勒楚喀副都統册報
佐領八員均係公中防禦二員驍騎校八員同上

領催二十四名甲兵二百八十九名同上

右協領佐領防禦驍騎校領催甲兵大凡三百三十二員名

嘉慶十九年設雙城堡委協領一人委佐領二人委驍騎校二人　二十三年吉林移往雙城堡防禦二人烏拉移往雙城堡驍騎校一人是年將原設委協領委佐領委驍騎校各員均改爲實缺吉林外紀三　咸豐元年設副都統銜總管一人　光緒八年裁原設副都統銜總管一人改設協領一人裁原設委協領二人實有佐領七人委佐領一人委防禦二人　十

四年將委佐領一人委防禦二人委驍騎校一人均
改爲實缺兵司册
同治八年奏准雙城堡原爲調劑京旗生計而設初
定移撥京旗三千户繼改爲一千户吉奉兩省旗丁
三千户由中屯設立協領衙門管理二屯七翼幾經
調劑始能漸有規模各安耕鑿復於咸豐年間歷經
前將軍固慶景綸先後條陳將原設協領改爲副都
統銜總管並將七翼改爲六佐領其中左右二屯統
歸中屯建署理事兹據總管陳請改設八旗以爲永
久定制伏思我

朝兵制胥分八旗管轄戶籍無容混淆茲該堡止於六旗分轄兵丁戶口核與舊制未宜暨其所請調劑京旗生計亦係因時制宜實在情形自不得不量爲變通以資管轄治理檔冊

軍器　協領佐領防禦驍騎校盔甲十七副弓二十四張撒袋腰刀如盔甲數梅針箭二千六百五十支領催前鋒甲兵盔甲一百三十九副弓二百九十六張腰刀一百四十八把梅針箭八千一百八十支原領盔甲弓箭腰刀撒袋同治五年被賊焚擄九年領催前鋒甲兵各自置如前數冊報

琿春八旗通志 作琿春城駐防

副都統一員 兵司冊

光緒七年設副都統專轄琿春城原設協領駐紮琿春河地方屬甯古塔副都統同治九年將協領加副都統銜至是改設統於吉林將軍十年以琿春副都統幫辦邊防事宜 冊報

左翼協領一員佐領四員防禦二員驍騎校四員 同上

右翼協領一員佐領四員防禦二員驍騎校四員 同上

凡佐領八員內公中佐領六世管佐領二

兩翼領催四十名前鋒五名甲兵五百五十五名 同上

右自副都統外協領佐領防禦驍騎校領催前鋒
甲兵大凡六百二十二員名
康熙五十三年設琿春協領一人佐領驍騎校各三人防禦二人即以捕獺之庫爾喀兵一百五十名充琿春額兵　五十四年撥甯古塔兵四十名往駐琿春　乾隆十七年撥三姓兵六十名往駐琿春　二十五年增琿春兵二百名即以打牲壯丁內挑選充額　皇朝文獻通考一百八十二　同治元年增設佐領三人防禦委佐領二人驍騎校五人　光緒七年由佐領內委協領一人　十二年將委佐領一人改為實缺原

委佐領二人均改爲實缺兵司册

軍器　盔甲一百六十一副弓五百五十五張撒袋五百八十七分腰刀如撒袋數梅針箭二萬八千五百十支長槍三百桿帳房一百三十九架鍋一百四十八口大纛十六桿旗幟四十桿鳥槍一百四十桿擡槍一百桿礮二尊報册

康熙五十六年領盔甲弓撒袋腰刀各一百九十梅針箭九千五百支長矛槍九十五桿帳房鍋各四十八　乾隆十七年三姓撥來弓撒袋腰刀各六十梅針箭三千支長槍三十桿帳房鍋各十五　二十五

年吉林打牲烏拉撥來弓撒袋腰刀各二百分梅針
箭一萬零五百四十支長槍一百桿帳房鍋各五十
　四十五年被水冲失盔甲九副　道光六年移撥
阿勒楚喀拉林盔甲弓撒袋腰刀各二十分梅針箭
一千支　咸豐六年領鳥槍五十桿　七年領擡槍
二十桿　九年領鳥槍一百五十桿擡槍十桿生熟
鐵礮二尊　十年領鳥槍一百桿　同治十年製弓
撒袋腰刀一百七十分梅針箭八千七百六十支長
槍八十五桿帳房鍋各四十二　光緒四年領鳥槍
五十桿　十年領擡槍一百桿以上軍器除歷年徵

兵攜帶損失現有軍器如前數册 兵司

同治八年九月將軍富明阿奏稱琿春地方遠處極邊孤懸海角與朝鮮僅隔一江原設官兵不足防守前請添設副甲二百名不過巡邊守卡聊充兵數非正兵可比臣到任以來即以三姓琿春遠在極邊均與外夷接界地闊兵單難資鎮攝均宜酌增額兵以重防守查琿春地方除原設協領一員佐領驍騎校各三員防禦二員筆帖式二員領催馬甲四百三十名擬將前設邊防副甲二百名裁撤每年節省養贍市錢七千二百吊以二吊五百文作銀一兩計可折

銀二千八百八十兩再由省滿洲八旗裁挪防禦五員每年節省俸銀四百兩今擬添設八旗佐領三員防禦委佐領二員驍騎校五員筆帖式一員領催十三名披甲一百五十七名連原設官兵統有協領一員佐領六員由防禦委佐領二員防禦二員驍騎校八員筆帖式三員領催披甲兵六百名分為八旗責令管理每旗佐領一員驍騎校一員管理領催五名披甲七十名其原設防禦二員分歸左右兩翼每員稽查一翼四旗事務以整營伍而昭慎重其由防禦委佐領二員擬請加佐領職銜頂戴仍食防禦原俸

分管左翼正藍右翼鑲藍二旗事務俾資管束至原
設協領係屬三品武職現與外夷交涉互有會商事
件應請加副都統銜統轄八旗官兵俾與外夷會商
事件品秩較崇並請嗣後琿春協領一缺於補放時
加副都統銜永爲定章檔冊
八旗駐防兵教場在東門外冊報
吉林府
捕盜營無
伊通州
捕盜營

外委一員馬勇十名步勇三十名原設步勇五十名光緒九年改由
知州統轄
軍器　洋槍十一桿擡槍九桿冊報
光緒八年將軍銘安奏增設弁勇稽查新設雙城廳
伊通州兩處地廣民頑盜氛未息若專恃皂役人等
緝捕跴訪未周難期得力必須於各該處設立弁勇
非特可以認眞捘捕並可以鎮壓地方第奉天前設
捕盜營兵分撥調遣爲數太多吉省經費不敷礙難
照辦除吉林府駐守省垣伯都訥長春兩廳設立多
年均勿庸添募弁勇擬在雙城廳伊通州每處揀派

外委一員募練步勇五十名均由該通判知州自行管帶應發勇糧卽仿照前設賓州廳等處章程每員每月發給實銀十二兩步勇每名每月發給餉乾四兩計外委二員每月應發餉乾實銀二十四兩步勇一百名每月應發勇糧實銀四百兩每年共需應發餉乾實銀五千零八十八兩遇閏加四百二十四兩

敦化縣

捕盜營

外委一員步勇五十名由知縣統轄

軍器 洋槍四十桿擡槍四桿 擬册

長春府
捕盜營無光緒十六年就地籌設練勇緝盜未經奏請作正開銷練總一員練勇□十名由知府統轄報册
農安縣
捕盜營無
伯都訥廳
捕盜營無
五常廳
捕盜營
外委一員步勇五十名由同知統轄

軍器　鳥槍擡槍各二十六桿洋槍二十九桿長矛槍二十桿册報

光緒八年將軍銘安奏增設弁勇以緝盜賊略言新設各廳縣地廣民頑盜風未息且外來流民耕種良莠不齊難免無械鬬命盜等事若專恃該廳縣皂役人等撥捕梭巡訪未周難期得力必須於每廳縣設立弁兵非特可以認眞緝捕並可以鎭壓地方第奉天前設捕盜營馬兵分撥調遣爲數太多吉省經費不敷礙難照辦擬在新設賓州廳五常廳敦化縣每處揀派外委一員募練步勇五十名均由該廳官

知縣自行管帶應發餉乾即仿照哨官餉乾每員每月發給寶銀十二兩步勇每名每月發給餉乾寶銀四兩計外委三員每月應發餉乾寶銀三十六兩步勇一百五十名每月應發餉乾寶銀六百兩每年共應發餉乾寶銀七千六百三十二兩遇閏加寶銀六百三十六兩

賓州廳

捕盜營

外委一員步勇五十名由同知統轄

軍器　大小洋槍十六桿擡槍六桿大洋礮帶翅洋

轍共十二桿冊報

雙城廳

捕盜

外委一員步勇五十名由通判統轄

軍器　擡槍四桿洋槍二十九桿冊報

磨盤山州同

捕盜營

外委一員步勇五十名由州同統轄

附奏稿　光緒十四年兵部議准查前經會議前任

吉林將軍銘安奏請吉林雙城廳伊通州每處設捕

盜外委一員募練步勇五十名專司緝捕當經臣部
核議奏准在案今原奏內稱請將磨盤山巡檢裁撤
改設州同一缺且以圍荒之大專恃衙役緝捕難期
得力擬揀派外委一員由該州同自行管帶係爲嚴
緝盜匪綏靖地方起見核與該省成案相符應請准
其添設由該州同管轄專司緝捕此次新添捕盜營
外委一缺應令該將軍迅即揀選拔補出具考語並
將該弁履歷咨部註册以符定制其募練步勇五十
名亦應如所請准其添募以資緝捕俟募補足額即
將挑練成軍日期勇丁年貌花名一併造册送部備

查

吉林通志卷五十一

武備志二　兵制二　駐防下

太祖高皇帝初設四旗先是癸未年以

顯祖宣皇帝遣甲十三副起事征尼堪外蘭敗之又得兵百人甲三十副後以次削平諸部歸附日衆初出兵校獵不論人數多寡各隨族長屯寨而行每人取矢一每十人設一牛彔額眞領之至辛丑年設黃白紅藍四旗旗皆純色每旗三百人爲一牛彔以牛彔額眞一轄之甲寅年始定八旗之制以初設四旗爲正黃正白正紅正藍增設鑲黃鑲白鑲紅鑲藍四旗合爲

八旗黃白藍均鑲以紅紅鑲以白每三百人設牛彔額真一五牛彔設甲喇額真一五甲喇設固山額真一每固山設左右梅勒額真各一以佐之參八旗通志二集三十二皇朝通志六

天聰八年五月

上諭凡我國官名俱當易以滿語勿仍襲漢語舊名今悉爲釐定五備禦之總兵爲一等公一等總兵官爲一等諳班章京二等總兵官爲二等諳班章京三等總兵官爲三等諳班章京一等副將爲一等梅勒章京二等副將爲二等梅勒章京三等副將爲三等梅勒章京一等參將爲一等甲喇章京二等參將爲二等甲喇章京三等參將爲三等

甲喇章京備禦爲牛彔章京代子爲分得撥什庫章京爲小撥什庫旗長爲專達屯撥什庫仍舊名凡管理不論官職管固山者即爲固山額眞管梅勒者即爲梅勒章京管甲喇者即爲甲喇章京管牛彔者即爲牛彔章京管巴雅喇纛額眞即爲纛章京管巴雅喇甲喇額眞即爲巴雅喇甲喇章京嗣後皆照我國新定者稱之又

諭隨固山額眞行營馬兵爲阿理哈超哈巴雅喇營前哨兵爲噶佈什賢超哈舊漢兵爲烏眞超哈八旗通志二集三十二

順治十七年

上諭嗣後固山額眞清字仍稱固山額眞漢字稱爲都統梅

勒章京清字仍稱梅勒章京漢字稱爲副都統甲喇章京
清字仍稱甲喇章京漢字稱參領牛彔章京清字仍稱牛
彔章京漢字稱爲佐領諳班章京漢字稱爲總管烏眞超哈
漢字稱爲漢軍同上
又經大臣議定噶佈什賢噶喇諳班漢字稱爲前鋒
統領巴雅喇纛章京漢字稱爲護軍統領噶佈什賢
章京漢字稱爲前鋒參領巴雅喇章京漢字稱爲護
軍參領噶佈什賢專達漢字稱爲前鋒校巴雅喇專
達漢字稱爲護軍校分得撥什庫漢字稱爲驍騎校
同上 謹案太祖辛丑年爲編牛彔之始嗣後
設固山額眞梅勒章京等官雍正二年以八旗都統

印信額眞二字作主字解非臣下所得用改爲固山
諳班茲編敬案年月於改定以後書新名改定以前
書舊名以昭初制人物傳中官
爵世職皆如之謹發其凡於此
駐防兵有老滿洲新滿洲猶史言生女眞熟女眞也
國初收服諸部凡種人之能成數佐領數十佐領者咸
歸於滿洲若瓦爾喀若呼爾哈若葉赫若輝發若烏
拉若哈達今皆無此名目蓋已歸入滿洲故也其順
治康熙年間續有招撫壯丁願遷內地編佐領隸旗
籍者則以新滿洲名之
國語所謂伊徹滿洲也至東北邊部落來甯古塔納貢
者或謂之伊徹滿洲或仍其部落之名每年四月至

六月以次入責自甯古塔東北行四百餘里居呼爾哈河松花江兩岸者曰諾雷原注一作鬧雷一作拏耶勒天聰五年朝貢曰克宜克勒原注一作革依克勒一作克益克勤崇德二年朝貢曰祜什哈哩原注一作祜什喀禮一作虎習哈禮崇德三年朝貢此三喀喇原注喀喇漢言姓也役屬久其頭目壯丁漸移家內地編甲入戶有服官於

京師者初以魚皮爲衣後被

德化冠服修飾原注　柳邊紀略曰俗稱窩稽達子即窩集部皆稱伊徹滿洲原注伊徹一作異齊一作異車其地產貂三姓即因三喀喇爲名也朔方備乘

十

伊徹滿洲

國初時率族衆來投者編其穆昆達爲世襲佐領阿喇哈穆昆達爲世襲驍騎校率所屬來投者編其嘎山達爲世襲佐領法拉哈達爲世襲驍騎校康熙十五年裁世襲驍騎校爲公缺留嘎山達法拉哈達世襲佐領漢語穆昆達族長也阿喇哈副也嘎山達鄉長也法拉哈達里長也故伊徹滿洲佐領下同姓者居多不似佛滿洲佐領下之姓氏繁多也吉林外紀三

康熙元年題准自甯古塔出兵招新滿洲一百戸者准給頭等軍功八十戸者准給二等軍功六十戸者准給三等軍功四十戸者准給四等軍功二十戸者

准給五等軍功如不係出兵遣人招撫及自行來投者俱不准會典事例五百七十六

三年題准發補甯古塔等處亡故兵丁之額者限兩箇月起程年老患病退甲之額限三箇月起程同上

七年題准甯古塔駐防馬甲病故有子嗣者准其頂補若無子嗣該將軍副都統將其戶下壯丁頂補馬甲如有應承受家產之主在京情願取回其戶下壯丁者該都統用印文咨部確查果實准其撤回即於彼處壯丁內酌補若原係戶下充兵令往駐防者本身病故應撥正身壯丁往補同上

十年題准委署護軍校驍騎校及前鋒護軍撥什庫兵丁得過軍功有患病退甲傷殘退甲六十歲以上年老退甲者甯古塔等處駐防之人月給銀一兩其遊牧地方之人概不准給同上

十七年覆准各姓新滿洲累世輸誠進貢復自本土遷於甯古塔烏喇地方與舊滿洲官兵一體效力者分別率衆遷移先後給與世職八旗通志三十七

甯古塔等城駐防官員老病告辭仍願在彼居住者呈明該將軍咨部准令居住會典

三十一年四月乙巳議政王大臣等覆准甯古塔將

軍佟保等疏言圖世屯地方四十里外有伯都訥地
方係水陸通衢可以開墾田土應於此地修造木城
一座席北卦爾察等所住鄉村於此處甚近俟城工
完日由水陸搬移至伯都訥地方修造木城將席北
卦爾察打虎兒內揀選强壯者二千名令其披甲即
住所造新城令副都統巴爾達到彼教訓管轄再將
席北卦爾察內與烏喇相近居住者揀選三千名移
駐烏喇地方合一千名披甲二千名爲附丁會典事例
是年兵部覆准伯都訥等處駐紮兵丁四千八百有
奇可編佐領八十八上三旗三姓地方有拏業勒氏

哈賫達一名帶來壯丁四百九十三名舒穆嚕氏嘎
山達郎鄉長崇古喀等壯丁二十五名葛依克勒氏
哈賫達二名帶來壯丁七百九十三名胡什喀哩氏
哈賫達一名帶來壯丁一百八十一名以上共一千
五百三十餘丁編四佐領作爲上三旗鑲黃旗設二
佐領正黃正白旗各一佐領該丁有土可守而鑲黃
一佐領或著正紅兼之每翼可設二佐領此四佐領
下揀選披甲二百名每佐領下各挑放領催五名其
閑散丁等按各姓歸四佐領下管轄該丁生長山河
肆意游居不知律例者多教以禮義最關重要應放

協領一員，防禦各二員，由吉林烏拉八旗領催披甲內擇其強有爲者，每旗派領催各一名，披甲各九名，兵八十名移駐三姓。此項領催披甲仍給予錢糧軍器等因。當經參贊大臣九卿大臣等會議覆准三姓丁等不給錢糧，教以騎射，應給軍器請由兵部工部造給。奉

旨允准。所有新設之領催披甲按名每年賞銀六兩。據康熙五十三年奏案

以上規制事例

盛京吉林黑龍江三處將軍及京城都統各給馬十六

匹駝四隻前鋒統領副都統各給馬十三匹駝三隻

會典事例五百二十五

康熙四十四年閏四月乙未吉林烏拉將軍宗室楊福奏請吉林烏喇伯都訥等處動支庫銀買馬給兵丁牧養

上曰此事不准行朕屢以太僕寺之廠馬並茶馬賞給京師兵丁及各處駐防兵丁所以兵丁無賠馬之苦歷觀宋明之時議馬政者皆無善策牧馬惟口外爲最善今口外馬廠孳生已及十萬牛有六萬羊至二十餘萬若將如許馬與牛羊驅至內地牧養卽日費萬金不足口外水草肥美

不費餉而馬畜自然孳息前巡行塞外見牲畜彌滿山谷間歷行八日猶絡繹不絶也東華續錄

嘉慶二十一年兵部議准東三省拴養官馬實爲善政惟查吉林除水師邊門各兵外八旗領催馬甲九千六百餘名該處風氣淳樸除食糧外以屯種打牲爲業馬上便習實皆童而習之該將軍所請添官馬千四兵多馬少不敷騎操若祗閱有馬官兵則練成一兵轉置九兵無用如一體入操則無馬官兵有所藉口況有馬無馬漸分畛域官馬旣屬無多而自立馬匹當差之舊俗久而漸移此等流弊所宜深防應

請仍循舊制責成該將軍等實力教養以時訓練副

奉

諭東三省官拴馬匹毋庸辦理

同治元年奏請通省添設官馬一千匹分撥內外城

各處專備官兵西丹演練槍箭巡邊捕盜所有馬價

請由

盛京戶部撥發咨請黑龍江將軍代辦口輕騸馬一千

匹以重操防

將軍富明阿於同治五六年間勦辦馬賊捐備戰馬

一千匹分撥各城

光緒十一年郭爾羅斯旗屬三等台吉圖普蘇爾塔拉圖梅楞章京吉祥二員各捐騸馬一百匹經將軍希元飭給吉林練軍各隊兵丁乘用

以上馬政

順治十六年定刑部審擬外遣之犯應發甯古塔吉林黑龍江等處安置咨部差役遞解會典事例五百八十二

康熙十六年覆准奉天甯古塔江甯西安杭州京口等駐防官兵及家人爲盜者俱照定例處分其將軍副都統免議佐領防禦驍騎校照各城防禦處分協領參領照城守尉處分至將軍副都統等本管兵丁

一二三人爲盜者罰俸九箇月十一人至十五人爲盜者罰俸一年十六人至二十人爲盜者降一級留任二十一人至三十人爲盜者降二級留任三十一人以上爲盜者降三級調用該管官自行拏獲免議

八旗通志

三十八

十八年冬十月戊子先是吏戶兵刑四部會議私採人蔘條例請

旨

上曰採蔘本以養人定例過嚴則無知小民動罹法網反致傷生其令議政王大臣九卿詹事科道會同詳議以聞至

是議政王大臣等議爲首者絞爲從者枷責

上曰邇來採蔘必越佛阿喇地方較前稍遠是以價日貴而盜者愈多不若令佛阿喇駐防官兵中途察緝則法不待嚴而弊自可絶矣東華錄六

三十七年九月庚子停

盛京烏喇本年決四東華錄十四

四十一年議准黑龍江甯古塔等處將軍打牲總管等將發遣人犯每月領收若干人逃走若干人未獲若干人已獲若干人造册咨送刑部至年終該將軍等將總數開明具奏刑部會同兵部查對若發遣人

犯有逃走一名者其主係官罰俸三月常人鞭五十
至二三名者按數加罪一年內逃至五名者該佐領
防禦驍騎校各罰俸一月領催鞭五十逃至十名者
協領罰俸一月佐領防禦驍騎校各罰俸三月領催
鞭五十逃至二十名者將軍副都統等罰俸一月協
領罰俸三月佐領防禦驍騎校各罰俸六月領催鞭
八十逃至三十名者將軍副都統等罰俸三月協領
罰俸六月佐領防禦驍騎校罰俸一年領催鞭一百
逃至四十名以上者將軍副都統等罰俸六月協領
罰俸一年佐領防禦驍騎校各降一級罰俸一年領

催柳二十日鞭一百打牲總管照協領例議處翼領
照佐領例議處將軍接統轄地方逃人總數議處副
都統有專管地方者照該管處逃人數目議處其逃
人之主如在城内居住者限即日呈報離城百里以
内者限次日呈報百里以外者限三日内呈報該管
官隨差本佐領驍騎校卒兵協同逃人之主追緝如
驍騎校公出即令記名領催卒兵追緝仍將逃走緣
由呈報該上司報部查覈如本主已經呈報而該佐
領等不即轉報遲至十日以内者佐領防禦驍騎校
罰俸六月領催鞭四十十日以外者佐領防禦驍騎

校罰俸一年領催鞭六十一月以上者佐領防禦驍
騎校降一級調用領催鞭八十兩月以上者佐領防
禦驍騎校革職領催鞭一百如家主逾限遲延不報
係官照佐領例常人照領催例分別議處該管官免
議若家主於限内呈報者免議會典事例四百九十一
雍正八年議准吉林爲奴人犯有私行偷賣放贖者
賣贖之人係官革職常人枷兩月鞭一百該管官降
二級調用會典事例四百八十五
十二年議准吉林伯都訥甯古塔等處設番役緝拏
盜賊其管轄番役官如能實心督率於限内將一案

盜賊全獲者每案紀錄二次逾限不獲照州縣印捕官初參二參三參四參之例議處會典事例四百九十

乾隆二十二年十一月乙卯

命刑部吉林遣犯改發雲南等省拉林阿勒楚喀遣犯改發黑龍江三姓等處東華續錄十六

二十四年奏准吉林駐防旗員遇有命案照奉天命案例議處會典事例五百四　又奏准吉林駐防官員承緝竊案照步軍營竊案例議處其駐防官員諱竊亦照例議處　又奏准吉林駐防官員諱盜及失察竊盜承充捕役捕役爲盜爲竊並隱諱捕役爲盜爲竊與

發塚開棺衙署失事等案照文職例議處會典事例四百九十

二十九年議准奉天寧古塔黑龍江等發遣人犯輪流編發各省駐防兵丁為奴毋庸專發西安荆州杭州成都四省會典事例五百八十二

三十八年奏准發遣吉林積匪猾賊該將軍等嚴飭屬員防範管束如有脫逃一名者該將軍咨參送部將該管佐領防禦驍騎校罰俸六箇月將軍副都統罰俸兩月　又奏准新疆改發吉林黑龍江等處駐防遣犯脫逃該將軍等查明該犯原籍咨報兵刑二

部行文原籍及直省各督撫一體嚴拏務獲百日限滿不獲專管官降一級留任兼轄官罰俸六月自行拏獲者准其查銷　又奏准拉林阿勒楚喀移駐人等脫逃該管專兼統轄各官均照駐防兵丁逃走例咨參分别議處會典事例四百九十一

四十二年奏准吉林庫爾訥窩集地方係出蔓山場八旗官兵砍採木植起程以前每年照例出派官兵揀選當差勤慎誠實者令其前往仍派能於管轄之協領帶領官兵先行前往將上游口隘之處稽查此項砍伐木植人等如有違例於票外多帶人等並夾

帶米糧者卽行查拏加倍從重加罪同上

四十八年八月辛巳

命奉天吉林黑龍江等屬已結未結死罪均減等軍流以下

悉宥之東華續錄三十六

五十四年議准情重軍流人犯應從重外遣者發往

吉林黑龍江分別爲奴當差毋庸改發新疆會典事例五百八十二

五十九年奏准吉林駐防各處發遣人犯脫逃每歲

十月內該將軍大臣等將總數開明分別已獲未獲

咨報軍機處刑部彙奏交兵部覈議其應議各官均

照例加一等議處各省駐防閒散逃走亦照此例行
會典事例四百九十一
嘉慶六年奏准
盛京吉林黑龍江等處番役有以巡緝爲名借端索詐擾害旗民番役手下散丁人等冒充番役生事詐財者該管官不行查究降二級調用將軍副都統罰俸一年如該管官不將宂役裁革或不行嚴察致有匪徒假借番役之名在外擾害者該管官降一級調用將軍副都統罰俸六月會典事例四百九十二
六年奏准

盛京等處圍場如有潛入偷打牲畜私挖蘑菇砍伐木植等事訊明該犯或係吉林等處所屬或係戚遠等邊口附近所屬失察之該界官均罰俸一年至巡察圍場火班官查拏不力亦罰俸一年會典事例四百八十九

二十三年九月已亥釋發遣盛京吉林黑龍江情輕各官犯東華續錄十四

以上發遣

康熙十三年十二月庚子諭兵部京師禁旅遣發頗多其調盛京官兵一千令副都統鄂泰帥之至京烏喇兵七百令副都統安珠護遣章京帥

赴盛京其甯古塔兵令將軍巴海調發鎮守烏喇東華錄三

十四年二月丙申

諭兵部以一等侍衛吳丹爲署副都統參贊軍事調烏喇諸處兵一千名來京東華錄四

十九年三月

詔安親王岳樂久勞於外殲克强寇令先率大兵之半凱旋其蒙古甯古塔烏喇之兵全返據聖武記二

二十年因攻取羅刹

諭調烏喇甯古塔兵一千五百並製造船艦發紅衣礮鳥槍及演習之人於黑龍江呼馬爾二處建立木城與之對壘

據東華續錄

二十二年三月戊辰甯古塔將軍巴海等請給出征烏喇官兵及執事人行糧戶部議官兵各夫額糧一月至每月行糧毋庸發給

上命給行糧之半八旗通志

二十四年議墨爾根地方緊要其駐防兵以烏喇甯古塔兵參用據東華續錄

三十四年征噶爾丹

命甯古塔將軍佟保備兵秣馬佟保奏言臣等詳閱所轄烏喇及甯古塔官兵弓勁矢强馬上嫺熟又教之以

皇上製發鳥槍愈加壯威且若輩俱耐勞苦臣請率一千五
百名而往合軍中所有馬匹計二千九百有奇嚴督
官兵加意飼養臣身不時稽察不足之馬現有伯都
訥地方西白兵二千此兵既不動應派伊等出馬一
千五百匹以充撥軍中取牛五百頭用以駕載火藥
鉛子等物之車此馬牛交副都統沙納海監視不使
貽誤甯古塔兵既發三百應檄副都統耿額盡收兵
丁所有馬匹亦親身督視餧養肥澤儻馬匹又或不
足則將烏喇捕獵人等之馬亦酌量查收備用奏至
上諭議政大臣都統公宗室蘇努等曰前者爾等僉議以盛

京兵二千甯古塔兵一千黑龍江兵酌量派撥應令將軍佟保不必增兵五百仍照爾等前奏俟行時令各齎三月口糧至中西二路之兵俱每人帶厮役一名馬四匹此軍亦應照此例合烏喇現在二千九百餘匹之馬其派足四千之數加意飼養烏喇捕獵人另有職役可無庸派據古今圖書集成戎政典二百五

三十四年征噶爾丹徵甯古塔兵一千據親征平定朔漠方略

三十五年二月

諭內大臣國舅佟國維等曰前令黑龍江甯古塔盛京立刻

備兵各居其地者恐噶爾丹知我三路大兵進剿惶迫東行是以使之預備也今視口外來報情形亦有東行之狀著薩卜素立刻整備屬下兵馬遣設偵探如有用盛京甯古塔兵之處許彼星速往召總轄調遣其左近蒙古亦當小心防備因薩卜素所居懸隔報京聲息不得聞知可將凡屬噶爾丹之事口外報文一一查出開明日月發與薩卜素使彼知之以便准備行事盛京甯古塔將軍處亦著遣檄知之古今圖書集成戎政典二百六

乾隆三十三年以明亮爲參贊大臣帶吉林兵赴雲南軍營九朝東華錄二十四

三十八年征金川調吉林索倫兵二千赴勦聖武記
七
嘉慶二年靖川陝寇
詔發吉林黑龍江索倫兵三千赴河南湖北
四年
命軍機大臣工部尚書那彥成率盛京吉林兵三千赴陝西
軍營據聖武記九
十八年以岐山縣賊勢漸張命楊遇春率吉林黑龍
江兵往勦之　是年以東三省官兵技藝優嫺命五
年一次挑送京營十一東華錄

道光六年剿新疆回逆

命山東巡撫武隆阿率吉林黑龍江三千騎出關據聖武記四

二十二年六月奏遵

旨調吉林兵一千名內分五百名檄協領桂林依成額領兵赴山海關聽候哈哴阿差遣餘兵五百名由副都統依勒東阿統領前進赴錦州高橋駐紮據檔冊

咸豐二年十二月

諭昨有旨飭調吉林馬隊精兵二千名馳赴河南所有該將軍等挑備吉林兵一千名派雙城堡總管西昌統領吉林所屬各城兵一千名派甯古塔副都統巴棟阿統領並添

派三姓副都統伊勒東阿等會同管帶前赴河南交琦善
酌量調遣
三年三月續調吉林官兵一千名
諭即派員管帶來京
五月
諭吉林將軍景淳於旗營內挑選馬隊精兵二千名派伯都
訥副都統倭克精額統帶馳赴天津聽候調遣
三年九月
諭景淳於所管官兵內迅即挑選精壯酌定名數操演純熟
聽候調撥

四年三月二十七日

諭前據景淳奏遵旨挑備官兵一千名聽候調遣現在阜城之賊尚未殲除皖省逆匪又竄踞臨清勢甚披猖經勝保等督兵圍剿必得多集兵力方可及早撲滅著景淳等即將前項備調官兵一千名配齊膘壯馬匹與一切軍裝器械交副都統麟瑞管帶即日起程由天津行走徑赴軍營聽候調遣

五年七月吉林將軍景淳奏遵

旨挑備官兵候調得

旨著即預備一千名此係備調之兵並非即刻所需如用時

即著該營總等統帶

九月

諭景淯於所屬營分餘丁內酌量挑選閒散餘丁數百名赴湖北軍營備給兵丁差役以上據檔册

六年正月調吉林兵五百名赴山東曹州防堵竄匪東華續錄三十七

七年閏五月辛丑

諭軍興以來吉林黑龍江馬隊官兵先後調往各路軍營助勦爲數約有一萬三千餘名除經統兵大臣及各督撫奏明撤回歸伍外計現在江北江南湖北及徐宿皖豫等處

留營備勦者吉林兵尚有六千餘名黑龍江兵尚有二千餘名該兵丁等與南方水土本不相習出征日久不免疲勞患病且南省又多水田港汊馬隊難於施展之處亟應分別撤留以休兵力而收實用著德興阿和春官文胡林翼並邵燦庚長福濟英桂勝保等各就該處軍營查明現在吉林兵若干名黑龍江兵若干名酌量可撤者先行撤回歸伍其地勢即屬相宜兵力亦無疲乏之現賫攻勦必不可少者仍著留營調遣俟該營兵力足數再行分起奏撤

東華續錄
四十五

九月

諭軍機大臣等官文都興阿奏請續調吉林黑龍江馬隊及
西丹各數百名並開單請派帶隊各員等語吉林等處馬
隊調出過多應留備本省操防未便再行調撥惟官文等
所請挑選西丹三四百名赴楚係爲挑補馬隊缺額起見
著景淳奕山於該省西丹內各挑二三百名派往湖北軍
營至官文等所開協領察隆阿等三十五員名據稱膽技
兼優自係黑龍江等城得力之員亦未便全行派往著奕
山於單開各員內酌派數員即令管帶西丹前赴湖北其
吉林派出之西丹並著景淳揀派得力將領管帶前往俾
資攻勦東華續錄四十七

八年四月

諭夷船闖入海口現派僧格林沁帶兵赴通州一帶防堵著景淯於吉林揀選精兵五百名派得力協領等官管帶來京聽調

十一月

諭勝保軍營吉林官兵遣撤及病故陣亡者二百二十一名所餘馬隊不能成軍著景淯於該省正兵餘丁閒散三項中酌量挑選飭赴安徽定遠軍營

又

諭津沽海口各礮臺一律修竣著景淯挑撥吉林馬隊精兵

一千名歸僧格林沁調遣

十月因楚省撥回官兵遵

旨挑選兵五十名西丹一百名令佐領台祿等統帶赴楚更

換

九年三月因奉天沒溝營迤北之田莊營三岔河等

處陸路紛歧恐夷人攜帶漢奸捨舟登陸

諭景淳挑選馬隊精兵二百名聽調以上據檔冊

又

諭天津海口防堵業經景淳挑備官兵一千名即著將此項

備調官兵迅速派員管帶起程於路經山海關時分撥五

百名即在山海關防所屯紮其餘飭赴天津聽候僧格林沁調遣著春佑迅速知照帶兵官飭令折回熱河護駕毋庸前赴通州東華續錄六十四

又

諭軍機大臣等本日據護理山海關副都統和盛阿奏老龍頭海口有夷船停泊請留吉林黑龍江兵丁以資防守一摺已准其截留吉林餘丁一千名偕同山海關兵丁防守矣此項兵丁約於本月二十日前後即可抵關著恆福即派道府大員迅速前往安設糧臺支放口分勿得遲誤東華續錄六十四

十一年

諭吉林調馬隊一千名前赴山東僧格林沁軍營旋由將軍景綸挑選官兵派佐領春壽管帶吉林烏拉額穆赫索羅阿勒楚喀拉林兵二百五十名佐領烏凌阿管帶吉林伊通伯都訥兵二百五十名佐領依常阿管帶三姓兵二百五十名佐領輔清阿管帶吉林甯古塔伯都訥兵二百五十名分頭二三四起各備軍器於十一月馳抵大凌河領馬前赴山東軍營

同治元年二月遵

旨調派馬隊二百五十名赴揚州軍營

是年三月遵

旨挑派吉林烏拉伊通拉林雙城堡等處西丹二百五十名

甯古塔伯都訥阿勒楚喀拉林等處西丹二百五十

名赴京訓練

是年八月遵

旨挑派壯丁五百名餘丁一百名赴楚

又遵

旨挑派官兵壯丁四百五十名前赴潼關

二年六月因苗逆勾結捻匪

諭景綸迅即挑餘丁一千名交記名副都統善慶協領穆克

德布統帶赴豫

七月調派吉林官兵五百名赴豫勦苗頭起於十一

日起程二起派委營總安奎等

諭即迅速遵行

三年三月揚州軍營遣撤將領三十六員

諭即照數選派改赴歸綏防所聽候都興阿調遣

又揚州防丁現在進勦丹陽

諭景綸添調曾經出征之正兵一百名委員統帶迅赴揚州

以資防勦

四年五月因神機營馬隊官兵不敷派撥調吉林馬

隊五百名旋由吉林十旗挑兵一百六十名伯都訥五十名阿勒楚喀二十五名拉林十五名合二百五十名派協領常海統帶甯古塔三姓各挑兵一百名琿春五十名合二百五十名派協領訥爾吉統帶分別調集赴京以上檔册

是年景綸奏吉林通省額兵本止一萬一百五名自軍興以來各省征調絡繹不絶計已數十次矣出征者多留營者少現查所存兵數不過四千餘名而又散在各城不能屯聚一處琿春三姓甯古塔三處防兵二千餘名已去存營之半各該處地臨濱海界近

俄夷必須重兵分防勢難一日遣撤其餘各屬或百餘名或數十名爲數本已寥寥而況撤回殘傷幾居其半凡百差遣無一非兵實覺空虛無可挑派至西丹蘇拉餘丁閒散稱名雖異其實則同即以拔補陣亡兵額計之十餘年來數已逾萬戸口有定生齒無多尤況民生拮据困苦萬狀請飭各路軍營欽遵咸豐十年恭奉
諭旨嗣後勿再征調勿輕換防以恤民生以養兵力邊圉幸甚

六年三月以銘軍馬隊尙單與豫撫商撥杭州副都

統善慶所部吉林黑龍江騎兵弁歸劉銘傳調度尋以捻平遣撤馬隊將善慶所帶吉林黑龍江官兵全數回京據平捻記

八月己亥

諭軍機大臣等前因醕郡王等議覆副都統穆騰阿奏整軍勦捻請添調吉林黑龍江馬隊官兵當經諭令富明阿特普欽各派馬隊兵一千名赴豫助勦嗣據富明阿等奏稱各擬派兵五百名當以人數無多諭令停止現在捻股竄擾山東賊騎飄忽勢燄益張官軍多係步隊追擊每至落後非得大支馬隊勁旅前往助勦不能得力著富明阿特

普欽於該二省前派馬隊各五百名外仍派馬隊各一千名兩省共派馬隊三千名聽候調遣此時勦捻事務緊急富明阿等無論如何為難總須揀派如數並著於曾經戰陣之官弁兵丁內多為揀派不得以無兵可派一奏了事齊齊哈爾副都統春壽曾隨僧格林沁勦捻熟悉情形著特普欽飭令馳回吉林會同富明阿挑選馬隊即著管帶來京

同治六年正月吉林將軍富明阿奏遵旨於內外各城旗營及台站官莊並雙城堡拉林五常堡餘丁內揀選壯丁一千五百名備用丁一百五十名由

甯古塔副都統高福統帶先期教演聽候山東巡撫
丁寶楨調遣

閏十月丁亥

諭軍機大臣等神機營奏折回吉林黑龍江馬隊請整備軍
械行裝並酌給乾餉一摺此項馬隊遠道從征情形困苦
自應優加體恤前諭玉亮古尼音布查明該官兵行抵何
處除將黑龍江一千名全數截留外其吉林二千名挑選
一千名均飭折回取道張家口前進惟該官兵軍裝行糧
等項亟應料理前諭文盛等籌備深恐有稽時日兹據神
機營王大臣奏稱該官兵困苦已極須倍加調劑方可期

其勇往著玉亮古尼音布於此項官兵折回時卽飭改赴昌平州地方駐紮並著神機營王大臣派員前往照料所有應發衣裝器械鞍轡及糧餉等項卽照該王大臣所擬妥爲籌給該王大臣請由部撥銀六萬兩已諭令戶部如數撥給矣該官兵現由錦州山海關一帶折回勢必資斧不繼著玉亮古尼音布先行設法籌款每名酌給銀一二兩俾資接濟所籌之款卽報明神機營在於部撥項下歸還該官兵馬匹疲乏恐已不堪乘騎著古尼音布於大凌河牧羣內挑選膘壯馬匹二千匹換給該官兵應用

十年九月因烏魯木齊防兵太單遵

旨於吉林十旗烏拉伊通額穆赫索羅甯古塔伯都訥三姓
阿勒楚喀拉林雙城堡等處挑選精壯官兵一千名
遴委協領音德木佐領德廉興祿等統領勤加操練
聽候調遣
十二年十月奉天賊匪嘯聚
諭奕榕挑選精壯馬隊官兵一百名揀派委參領等官管帶
赴奉由都興阿調遣
十三年八月奉天馬賊竄擾恐入吉林邊界
諭卽豫選精壯馬隊五百名聽候調撥
光緒十年神機營王大臣奏保衛畿輔吉林應調馬

隊正兵一千名旋由吉林十旗烏拉伊通額穆赫索羅甯古塔伯都訥三姓阿勒楚喀琿春拉林雙城堡等處如數挑齊暫行分防各該城聽候調京以上據檔册

以上征調

定例每歲十月行圍將軍啟陳舉冬圍以聞先期荒營總理派員弁進山修圍道驗營廠標記戒期督管圍總理率官兵以行從官將軍衙門章京四副都統衙門章京一前鋒章京一護印官一紀克特官一印務處主事一章京四委筆帖式二四司章京各一兵司筆帖式一委筆帖式二刑司工司委筆帖式各一

兵將軍衙門戈什哈三十副都統衙門十三音哈哈
前鋒二十護印兵二十帑克特兵二十番役五貼書
印務處兵司各六戸司刑司工司各二撥什庫印務
處兵司各四戸司刑司工司各二書役印務處四兵
司二兵司又舒什哈二行圍官管圍總理外有管圍
章京領圍章京各二前鋒章京一兵司委筆帖式一
兵嚮導兵六十圍務領催二外郎二兵司貼書二撥
什庫四三音哈哈前鋒十外城三音哈哈前鋒五十
虎槍前導虎槍營官一帑克特官一虎槍營兵十帑
克特兵十五掌纛阿穆巴章京一烏圖哩官二左右

翼翼領各一八旗領圍扎蘭章京八每章京旗幟一
圍兵八十五職鮮物菓子樓官一兵八官莊領催二
壯丁二十凡官總四十有九兵以千各以職從圍纛
五佛勒纛一色黃梅勒纛二色白色紅烏圖哩纛二
色藍蒙古包鍋帳軍械備以官兵數據檔冊
四季常出獵打圍有朝出暮歸者有三兩日而歸者
謂之打小圍秋間打野雞圍仲冬打大圍按八旗排
陣而行成圍時無令不得擅射二十餘日乃歸所得
者虎豹豬熊獐狐鹿兎野雞雕羽等物獵犬最猛有
能捉虎豹者虎豹頗畏人惟熊極猛力能拔樹擲人

野雞最肥油厚寸許遼東野雞頗有名然逈不及矣
每一獵車載馬馱不知其數第一等名海青能捉天
鵞一日能飛二千里又有白鷹蘆花鷹俱極貴重進
上之物甯古塔紀略
天聰六年十月丁亥
上率諸貝勒出地載門往獵於葉赫地方庚寅
上行圍
諭諸貝勒曰爾等不可以獵人所射之物冒爲己之所射而
奪取獵人誰不懼爾諸貝勒若爾等强爲已有而奪之誰
敢抗拒時阿爾薩蘭布庫侍側

上目之曰如彼最稱强勇我欲令之仆彼敢不仆乎遂以手指阿爾薩蘭令之仆卽仆因
諭曰爾等若强奪獵人之物亦猶是也自後獵人不得以已之所射因貝勒之故而讓之宜各就獸被傷處審驗眞僞再令隨爾等之緐甲軍各立誓儀再有厮卒人等盜取馬絆鞊轡等物者罪及其主決不姑宥至爾等之厮卒出入圍場者俱不得攜帶弓矢違者罪之

七年十一月辛亥

上率諸貝勒往獵於葉赫地方癸丑
諭隨獵大臣官員軍士等曰凡行獵處有擅入圍中者貝勒

罰良馬一匹扎蘭額眞罰銀十五兩旗長罰銀十兩閒散
人罰銀九兩離伍退後者與入圍同罪遇榛葦而規避不
入者亦罪之見野豕成羣不驅入圍內而向外逐射者亦
罪之見猛獸在易射之地則往告貝勒在險地則令原派
勞薩等入捕之其餘閒散厮卒宜令在後有射中麅鹿帶
箭走入圍中者卽告於所在貝勒准其追尋不告而私尋
者罪之

崇德二年閏四月乙卯

上率諸王往獵於葉赫地方丙辰

上渡遼河行獵時有護軍統領哈甯噶巴篤理等率獵八前

後離伍行
上怒責之曰爾等皆熟習畋獵之人凡獵必先整圍塲然後併力合圍乃可獲獸今爾等漫無紀律或前或後何獸之可得耶此皆該管章京懦弱不能約束之所致今姑寛宥後再如此定治以重罪

康熙二十一年三月庚申

上巡幸烏拉地方行圍辛酉次鄂爾多哈達壬戌次哈達必喇癸亥次喇瑚塔鄂佛羅甲子次庚額乙丑次庫勒戊辰次阿爾坦諾門己巳次色穆懇必喇皆行圍

四月丁巳

上自烏拉回鑾己丑次噶哈達爾漢辛卯次威遠堡壬辰次
三塔堡皆行圍
丙寅
諭寧古塔將軍巴海副都統薩布素瓦禮祜等曰圍獵以講
武事必不可廢亦不可無時冬月行大圍臘底行年圍春
夏則視馬之肥瘠酌量行圍令貧人採取禽獸皮肉須豫
先傳明日期以便遵行所獲禽獸均行分給圍獵不整肅
者照例懲治不可時加責罰苛求瑣屑遇有獵獸須小心
防禦以人爲重勿致誤有所傷以上皇朝文獻通攷一百三十九
康熙三十七年十月丁未

上行圍槍殪二大熊是日駐蹕輝發東華錄十四

康熙五十年八月庚辰

上駐蹕鄂爾楚克哈達是日哨獲大鹿十一隻船廠佐領那柳不勝驚喜奏曰臣生長本地一日獲十一鹿者臣實未經見真神奇也

上曰朕從來哨鹿行圍多所殺獲何神奇之有東華錄十八

乾隆十七年奏准凡遇

聖駕行圍吉林應派隨圍官兵二十一員名令馳驛來京到京之時照杭州等處官兵之例辦理

二十三年奏准東三省學習隨圍人等令其揀選一

并攜帶虎槍來京

四十七年

諭此次東三省派出學習隨圍人等到來甚早今屆進哨日期較遠伊等在此居住不無糜費且於伊等無益著該將軍嗣後隨圍人員約計於七月十九日至二十三日以內抵熱河朕明年巡幸盛京伊等無庸前往嗣後每年即遵此旨辦理會典五百七十二

同治七年十月

諭神機營王大臣奏請東三省舉行冬圍吉奉兩省均有圍場每屆冬季各該將軍統領官兵進山圍獵自軍興以來

征調頻仍行圍之事久已停止官兵弓馬技藝不免生疏
現在軍務漸就肅清各省官兵陸續凱撤正宜及時舉行
圍獵以符舊制著查照舊章奏明舉辦其所需經費或由
本省籌辦或另請酌增餉項務須悉心籌畫奏明辦理是
年將軍富明阿議定選會城外城官兵千五百餘員
名遵行冬圍以經費無出而止光緒元年將軍穆圖
善奏明遵
旨舉行十月二十八日率官兵千餘員名進山圍獵以規舊
制各外城派定官兵五百名各就本地山場圍獵二
年復以庫款支絀奏停冬圍

詔可七年奏准開放圍場荒地安民裕餉行圍之禮遂廢將軍衙門內有荒營原駐荒營總理一主圍場事行走章京掌圍務檔案領催外郎五嚮導兵十餘月於行走官員內派官一率兵入山巡卡倫以緝偷樹打牲私墾奸民光緒七年將軍銘安督辦邊務吳大澂奏開伊通河以南蘇密地方荒地議准停圍獵恩免貢鮮荒營總理以下各官是年裁據檔冊新纂

以上行圍

按行圍鉅典廢而難復存其一二舊制猶可覩焉

職官兵丁弓習射用者榆木爲幹傅以黑角背傅筋

蒙樺皮弣加暖木兩䏣以桑木刻其末爲弦彄弦脉飾鯊魚皮弦以絲長四尺九寸軍事用者弦紉鹿皮爲之餘制一式五力至七力弓用竹爲幹或以木弓面弓弝任傅牛鹿角背傅膠牛膠八兩魚膠六兩蒙樺皮或以桃皮暖皮用鹿䏣木二䏣觜任用牛羊角弦脉鹿角二絲弦重一兩皮弦制同力重者膠弦以次增加弓十八力者爲最重會典事例六百八十五

職官兵丁箭樺木或柳木爲笴長三尺鐵鏃長二寸笴首飾樺皮鸛羽羽閒職官書銜名兵丁書名括髹朱凡官造或以鈚箭或以梅鍼同上

順治二年題准需用樺皮於甯古塔採取令司弓一人率每旗弓匠長各一名弓匠各二名前往驗採同上

順治五年定甯古塔新滿洲人等應給軍器該管大員奏准各部弓箭由兵部給發盔甲等項由兵部轉行工部造給同上

康熙六年題准甯古塔將軍隔一年選委官兵採取樺皮七萬二千二百張以備應用同上

康熙二十七年八旗甯古塔新滿洲兵丁軍器由各該處各部每人各應得盔甲長槍弓箭罩水缸鐵鍋鍘刀帳房二人共一架共折銀十兩八錢四分二釐

四毫腰刀撒袋箭囊皮荷包鞍轡馬槽共折價銀六兩一錢六分有奇均令該旗及該將軍具題赴部支給自行備造同上

官兵帳房定例官員用藍布每架高六尺五寸下闊丈二尺深六尺四寸兵丁用白布制與藍帳房同布疋棉線移戶部支領零星物料工匠價值由部覈給委官成造同上

令箭順治初年定旗面駐防將軍副都統均用方旗鑲以雲緞爲之高一丈五尺闊九寸五分均鋟清漢金令字及清漢官銜箭鏃以鐵爲之兩面鋟銀清漢

令字下鋟銀清漢十二辰字移送兵部配製符羽鈐

印頒發上同

雍正五年議准

盛京甯古塔近海黑龍江與俄羅斯接壤三處兵丁仍

設立子母礮百位會典事例五百八十一

乾隆十七年奏准旗纛係兵丁所瞻視舊制各省將

軍都統副都統補授時即照其人本旗旗色由工部

造給如有改授即爲更換不惟繁冗且於瞻視亦無

準則嗣後各省將軍都統副都統分定鑲黄正黄正

白三旗旗色吉林用正黄旗色會典事例五百七十四

凡採取樺皮

國初定八旗需用樺皮俱於甯古塔地方採取令工匠協領一員每旗匠頭各一名匠役各二名前往驗採其附近驛站村落額設壯丁一百八十名內一百名隔一年採取一次餘八十名耕種八旗通志

國初兵制八旗甲兵需用盔甲軍器兵部咨給料價自行辦造直省兵丁需用甲械動支本地錢糧造給報部核銷惟守護

陵寢兵丁及八旗新滿洲甯古塔新滿洲需用盔甲旗幟等項由兵部移咨工部照數造發會典事例五百七十四

乾隆三十七年奏准吉林將軍隔一年派撥官兵採
取樺皮三萬張送部內五千張進
上一萬張交武備院一萬五千張交下五旗每旗三千張
備用同上
乾隆四十五年奏准
盛京每年應用火藥烘藥一萬二千餘斤黑龍江每年
應用一萬餘斤向例黑龍江需用火藥自
盛京動用驛車由吉林遞送今吉林既自配造似可就
近運往但吉林所出之硝不敷兩省之用且黄鉛等
項仍由

盛京採辦不如將黑龍江火藥歸併
盛京配造照例解往會典事例六百八十六
以上軍器事例

吉林通志卷五十二

武備志三　兵制三　練軍

吉林練軍之興專爲勦辦馬賊而設也同治六年署將軍阜保始發其議六年將軍富明阿奏准就通省內外各城額兵西丹選練馬隊千名厥後遞有增裁光緒三年規制始備計馬隊二千零四分爲七起每起分爲四棊蘭步隊七百有奇以棊蘭分者四爲數四百六十有九洋槍隊一百九十有八擡槍隊四十有七皆以全營翼長統之共二人其下有文案翼長一人總理二人會辦一人辦事官一人統領二人委營總十四人委參

領五十五人委防禦五十九人委驍騎校六十二人委筆帖式二十三人委官六十人委員十八人書手三十三人貼寫各名目凡九十八人其爲將軍親兵不隸於翼長者則有吉勝營馬步隊一百八十有六馬隊五十步隊一百三十六驍勇營步隊二百一十有二以營官三人統領一人統之其下有辦事官二人營官三人哨官十四人哨長二人什長四十三人字識八人各名目凡七十六人都凡員弁兵勇三千五百有奇其大較也其分駐各城鎮自一二十人至數十百人皆零星散布雖備多力分得失互見而關津隘塞足資控扼者亦藉以有考焉今據光緒十七年報銷册詳著

於後

吉林城

全營翼長二員將軍檄知兵者任之責以書手六貼寫六原設有營務翼長一委員六書手貼寫各四光緒十六年奏裁通省軍事光緒三年設

文案翼長一員凡文告一切主之光緒三年設委員六效力委員五書手二貼寫十

糧餉處總理一員凡練餉出入主之光緒三年設委員四書手十八貼寫一

發審局總理一員會辦一委員三辦事官一書手七貼寫十五據册報下皆同

以上各員名將軍於奏留候補投效人員内隨時
檄委辦事官委員書手貼寫人數多寡隨時酌派
無定員今據光緒十六年奏銷册
城内駐紮頭起四紮蘭馬隊　委參領委防禦委驍
騎校各一委筆帖式二委官一兵丹四十五練軍官兵馬步
隊駐紮會城各外城處所
據光緒十六年二月奉案
二起二紮蘭馬隊　委參領委防禦委驍騎校委官
各一兵丹四十五
二起三紮蘭馬隊　委參領委防禦委驍騎校委官
各一委筆帖式二兵丹四十三

三起頭鑲藍馬隊　委營總委參領委防禦委驍騎
校委官各一委筆帖式二兵丹四十三
三起二鑲藍馬隊　委參領委驍騎校各一兵丹二
十五
三起三鑲藍馬隊　委參領委防禦委驍騎校委官
各一兵丹四十五
三起五鑲藍馬隊　委參領委防禦委驍騎校委官
各一兵丹四十五
四起四鑲藍馬隊　委參領委防禦委驍騎校委官
各一兵丹四十五

五起二綦蘭馬隊　委參領委防禦委驍騎校委官各一兵丹四十五

擡槍營步隊　委參領委防禦委驍騎校委官各一兵丹四十七

吉勝營光緒三年設步隊　營官辦事官各一字識三馬隊哨官一步隊哨官二步隊哨長二馬隊什長五步隊什長十馬勇五十步勇九十

驍勇營光緒四年設左營步隊　哨官二什長五步勇四十六

右統領委營總委參領管帶官辦事官哨官委筆

帖式委防禦委驍騎校委官哨長什長兵丹馬步
勇六百九十一員名
軍器　全營翼長快槍二十桿後膛槍五桿　統領
後膛槍五桿　頭起練隊洋礮二百二十八桿鳥槍
十八桿　二起練隊洋礮二百二桿鳥槍四十一桿
長矛三桿　三起練隊洋礮二百三桿內歸併隊伍繳回四十三桿　四起練隊大小洋礮一百六十二桿鳥槍二十
一桿長矛十二桿　五起練隊洋礮二百十三桿鳥
槍三十七桿　六起練隊洋礮一百四十六桿鳥槍
二十桿擡槍四桿長矛三十六桿　七起練隊洋礮

一百四十四桿鳥槍四十五桿長矛十一桿　洋槍隊左翼銅礮一尊鐵礮三尊礮車四輛洋槍二百桿內織回洋槍七桿　右翼洋槍一百桿　擡槍隊擡槍二十五桿　吉勝營洋槍一百二十五桿快槍三十桿長矛二十桿　驍勇營洋槍二百六十二桿擡槍十二桿

按練軍七起洋槍隊擡槍隊吉勝營驍勇營有分駐外城者其軍器則全載於此

蘇瓦延站會城西二百十里　駐紮頭起口紮蘭馬隊　委參領委防禦委驍騎校委官各一兵丹四十五

伊通州城内駐紮頭紮蘭馬隊　委參領委防禦委驍騎校委官各一兵丹三十七
伊巴丹站伊通州城東距會城二百五十里駐紮二紮蘭馬隊　委參領委防禦委驍騎校委官各一兵丹三十八
大孤山伊通州城西三十五里東距會城三百里駐紮四起二紮蘭馬隊　委參領委防禦委驍騎校委官各一兵丹四十五
大南屯距伊通州城六十里東南距會城一百六十里駐紮六起口紮蘭馬隊　委參領委驍騎校各一兵丹二十五
放牛溝距會城一百八十里駐紮六起口紮蘭馬隊　委防禦委官各一兵丹二十

赫爾蘇站伊通州城西九十里東距會城三百六十里駐紥四起頭紥蘭

馬隊　委營總委參領委防禦委驍騎校委官各一

委筆帖式二兵丹四十二

葉赫站伊通州城西一百九十里東距會城四百六十里駐紥四起三紥蘭

馬隊　委防禦委驍騎校各一兵丹二十蓮花街分駐此

蓮花街伊通州城西二百五十里距會城五百二十里駐紥四起三紥蘭馬

隊　委參領委官各一兵丹二十五

尤家屯會城東九十里駐紥七起頭紥蘭馬隊　委營總委

防禦委驍騎校委官各一委筆帖式二兵丹四十三

煙筩山舊名呼蘭山會城南九十里駐紥頭起三紥蘭馬隊　委

防禦委官各一兵丹十九

樺皮廠會城西北九十里駐紮三起二紮蘭馬隊 委防禦

委官各一兵丹二十

雙岔河會城東九十里駐紮六起四紮蘭馬隊 委參領委

驍騎校各一兵丹二十五

木石河一名穆書河會城西北一百二十里駐紮二起二紮蘭馬隊

委防禦委官各一兵丹十七

雙河鎮距會城一百二十里駐紮頭起三紮蘭馬隊 委參領

委驍騎校各一兵丹二十六

岔路河東距會城一百二十里駐紮頭起頭紮蘭馬隊 統領

一委營總委參領委防禦委驍騎校委官各一委筆
帖式二兵丹四十三
其台木會城北一百二十里駐紮二起口紮蘭馬隊　委參領
委驍騎校各一兵丹二十六
常山屯會城西南一百三十里駐紮洋槍步隊左翼頭紮蘭
委參領委防禦委驍騎校委官各一兵丹五十
橫道河子會城西南一百五十里駐紮洋槍步隊左翼二紮蘭
委營總委參領委防禦委驍騎校委官各一委筆
帖式二兵丹四十九
拉法站會城東一百六十里駐紮六起四紮蘭馬隊　委防禦

委官各一兵丹二十

法特哈邊門會城北一百八十里駐紮二起頭紮蘭馬隊　委營總委防禦委驍騎校委官各一委筆帖式二兵丹四十三

蛟河會城東南一百八十里駐紮烏拉二紮蘭馬隊　委參領委防禦委驍騎校委官各一兵丹四十四

退摶站會城東一百八十里駐紮洋槍步隊右翼四紮蘭　委參領委防禦委驍騎校委官各一兵丹五十

水曲柳崗會城東北一百八十里駐紮七起口紮蘭馬隊　委參領委驍騎校委官各一兵丹三十五

張廣才嶺即嵩嶺會城東二百里 駐紮洋槍步隊右翼三紮蘭

委營總委參領委防禦委驍騎校委官各一兵丹

四十九

額穆赫索羅距會城二百一十里 駐紮馬隊 委參領委防禦

委驍騎校委官各一兵丹四十七

五常堡距會城三百五十里 駐紮馬隊 委參領委防禦委驍

騎校委官各一兵丹六十三

五常廳駐紮七起二紮蘭馬隊 委防禦委官各一

兵丹二十槍坡子分駐此

山河屯五常廳城南九十里西南距會城三百六十里 駐紮烏拉頭紮蘭馬

隊　委參領委防禦委驍騎校委官各一兵丹四十

四　驍勇中營步隊　統領一哨官三辦事官一字

識二什長七步勇六十二

珠琪河在五常廳城西南距會城三百八十里　駐紮驍勇中營步隊

什長一勇十

向陽山距五常廳城一百十里會城四百二十里　駐紮驍勇左營步隊

營官一哨官二字識一什長五步勇四十七

小山子距五常廳城一百里西南距會城四百五十里　駐紮驍勇右營步隊

營官一哨官四字識二什長十步勇九十三

右統領委營總委參領營官哨官辦事官委筆帖

式委防禦委驍騎校委官字識什長兵丹步勇一千三百九十員名練軍駐紮府廳州縣所屬者除伯都訥廳賓州廳列各副都統專城之下餘皆列於吉林城

寗古塔城

城內駐紮頭紮蘭步隊　委營總一委參領二委防禦委驍騎校委官各一委筆帖式二兵丹六十

二道河子城西北二百八十里駐紮四紮蘭步隊　委防禦委驍騎校各一兵丹十五

雙石磖子城南一百二十里駐紮二紮蘭步隊　委防禦委驍騎校委官各一兵丹三十七

穆楞河城東三百六十里 駐紥三紥蘭步隊　委防禦委官各一兵丹十一

瑚佈圖卡倫城東南六百八十里 駐紥三紥蘭步隊　委參領委驍騎校委官各一兵丹二十九

烏扎庫邊卡城東北三百六十里 駐紥二紥蘭步隊　委參領委官各一兵丹十八

軍器　洋礮一百八十桿

右委營總委參領委防禦委驍騎校委官兵丹一百九十員名

伯都訥城

城內駐紮三紮蘭馬隊　委參領委防禦委驍騎校委官各一兵丹二十六

石頭城子（在城南距會城四百里）駐紮頭紮蘭馬隊　統領委參領委驍騎校委官各一委筆帖式二兵丹四十

又三起口紮蘭馬隊委防禦一兵丹十四

遜扎保站（南距會城四百二十里）駐紮頭紮蘭馬隊　委營總委筆帖式委官各一兵丹三十四（由石頭城五顆樹分駐此）

浩色站（南距會城四百八十里）駐紮二紮蘭馬隊　委防禦一兵丹十（由石頭城遜扎保分駐此）

五顆樹（南距會城二百七十里）駐紮二紮蘭馬隊　委參領委

防禦委驍騎校各一兵丹二十八

孤榆樹卽廳城西南距會城二百七十里駐紮五起頭紮蘭馬隊委營總委防禦委驍騎校委官各一委筆帖式二兵丹四十三

八號在城口南距會城三百二十里駐紮三起頭紮蘭馬隊委參領委驍騎校委官各一兵丹二十九

四合城距會城三百二十里駐紮七起三紮蘭馬隊委參領委防禦委驍騎校各一兵丹三十五

土橋子南距會城二百九十里駐紮七起四紮蘭馬隊委參領委防禦委驍騎校委官各一兵丹四十五

登伊勒哲庫站距會城二百四十里駐紮五起四紮蘭馬隊

委參領委防禦委驍騎校委官各一兵丹四十五

長春嶺距會城六百里駐紮六起三紮蘭馬隊　委參領委

防禦委驍騎校委官各一兵丹四十五

軍器　洋礮六十八桿快槍二十三桿

右統領委營總委參領委筆帖式委防禦委驍騎

校委官兵丹四百三十六員名

三姓城

城內駐紮二紮蘭步隊　統領一管帶馬步隊委營總二

馬隊一員步隊一員委參領委防禦委驍騎校委官各一兵丹

四十二
土城子在城南一百二十里駐紮二紮蘭步隊　委參領委防禦委驍騎校委官各一兵丹四十
崇古爾庫站在城西北一百八十里駐紮三紮蘭馬隊　委參領委防禦委驍騎校委官各一　委筆帖式二兵丹三十九
釣魚臺在城東南一百八十里駐紮二紮蘭步隊　委參領委防禦委驍騎校委筆帖式委官各一兵丹四十二
佛斯亨站東距城三十里駐紮頭紮蘭步隊　委參領委防禦委驍騎校委官各一兵丹四十二

太平溝西距城三百八十里駐紮四紮蘭步隊　委參領委防
禦委驍騎校委官各一兵丹四十三
樺皮溝西北距城四百二十里駐紮頭紮蘭步隊　委參領委
防禦委驍騎校委官各一兵丹四十三
右統領委營總委參領委筆帖式委防禦委驍騎
校委官兵丹三百二十六員名
阿勒楚喀城
城内駐紮五起馬隊　統領一委營總一委參領委
防禦委驍騎校委官委筆帖式各三兵丹一百四十
八

軍器　洋礮一百二十桿

賓州廳城駐紮六起頭紮蘭馬隊　委營總委防禦
委驍騎校委官各一委筆帖式二兵丹四十三

軍器　洋礮一百二十桿

康家鑪在拉林城東距會城四百三十里駐紮頭紮蘭馬隊　委參
領委防禦委驍騎校委官各一兵丹三十九

韓家店在拉林城西距會城四百二十里駐紮二紮蘭馬隊　委參
領委防禦委驍騎校委官各一兵丹三十九

鑲黃旗四屯雙城堡西北九十里駐紮頭紮蘭馬隊　委參領
委防禦委驍騎校委官各一兵丹三十九

東所雙城堡東三十里駐紮二紮蘭馬隊　委參領委防禦委驍騎校委官各一兵丹三十九

軍器　洋礮九十桿

右統領委營總委參領委筆帖式委防禦委驍騎校委官兵丹三百八十六員名

附練軍增裁舊案練軍裁併冊報略而不詳其弁兵數目與現存者多不符合蓋軍非經制時有更張姑以其可考者附於後簡

同治六年奏准練馬隊千名七年裁百有五十四十二年增馬隊二百設統領營總參領以下各委官三十三十三年設擡槍營步兵百以營總統之光緒元

年二年先後增馬隊千有四百步隊二百又增營總參領以下各委官四十有八連原練馬隊共馬步官兵三千有二十八撞槍步兵數在外二年七月將甘肅出征馬隊二百有五留吉防勦爲吉林客隊又設親軍馬隊官兵百有三又設洋槍隊步兵二百以參領統之嗣仿奉天没溝營章程增統領號令官分教官營總營官帶隊官督隊官諸員九月將吉林客隊歸併續增練隊内十月裁營總一三年將親軍歸併續增練隊内是年擡槍營增參領防禦驍騎校各委官四年裁洋槍營統領以下各員增參領防禦驍騎校筆帖

式各委官改如練隊制據光緒十年檔册十一年裁馬步勇
二百十名據光緒十一年檔册
吉勝營光緒三年設統領一幫帶官書手均一隊官
四什長十步勇長夫十馬勇步勇均五十光緒四年
裁統領五年復設統領裁幫帶官六年增隊官一書
手二什長長夫均五步勇五十九年裁統領增管帶
官辦事官均一據光緒十一年檔册十七年裁管帶官設營官
一以隊官爲哨官馬隊一步隊四改書手爲字識設哨長五
增步隊什長十增步勇八十長夫十據光緒十七年檔册
驍勇營光緒四年設營官二隊官十二書手六什長

長夫均三十步勇三百五年增統領一七年改統領爲幫帶官九年裁幫帶官仍設統領增辦事官一據光緒十年檔册十七年裁隊官十二設哨官哨長各十改書手爲字識增什長二十步勇二百五十長夫二十伙夫二十五據光緒十七年檔册

吉林盜風起於東南軍興之際而萌熾於同治之初同治四年將軍阜保奏吉林通省東西四千餘里南北二千餘里旣無險要亦無城池省會舊有土垣年久倒壞伊通河長春廳伯都訥阿勒楚喀等處山深林密地廣人雜加以圍場禁山一帶西通奉天

興京北接黑龍江省南跨長白而外直達朝鮮遼闊奧
衍勢難稽查盜賊充斥素爲逋逃之藪兵至則藏兵
退則出此拏彼竄豕突狼奔窮追則路僻未諳分防
則力難兼顧此地勢之難以控制也吉林全省額兵
一萬一百五名自軍興以來征調頻仍死傷相繼數
已逾萬現查存營兵數不過四千餘名半屬傷殘難
以驅策爲數本屬無幾又復星散各城即如琿春孤
懸海隅逼近俄界與迤北之甯古塔三姓一帶皆爲
濱海門戶必須重兵戍守斷難一日撤防三處又去
兵二千餘名其餘各屬或百餘名或數十名省城十

旗雖有一千餘名除去一切差事外亦止三四百名
至西丹蘇拉閒散稱名雖異實則同一餘丁除調軍
營及補兵額老者不堪差遣幼者尚未長成外所存
本已無多可用更屬無幾況各兵丁近因領餉支絀
率皆屯居務農倉猝有事不能一呼即至此兵力之
過於單薄也吉林俸餉每歲三十餘萬咸豐初年度
支維艱即已解不足數近更寥寥不及十分之一惟
恃本省自爲經理凡雜稅日捐釐捐減平扣成折錢
搭鈔東挪西湊挹彼注茲每歲尚虧七萬餘兩其在
平時猶形竭蹷猝然遇事實難措施同治元年勸辦

黑背山匪各處籌墊捕費迄今數載尚屬懸虧且近派捕盜官兵日支口分抹兌票錢三百文取到實錢不過二百數十文僅資餬口而部文猶止准月給餉銀一兩五錢以現在銀價每兩易京錢二千三百有零計之每兵每日僅約制錢五十餘文若遵部議則日給不足枵腹斷難從公不遵部議則事竣難銷用項從何彌補此餉糈之無從籌畫也兵事追奔乘騎不可無馬吉林兵丁名爲馬隊實無馬匹馬乾同治二年將軍景綸始經奏請籌款購馬一千匹分散各城月給口糧轉交佐領下喂養以爲捕盜巡邊之用

巡緝既久疲乏漸多徒有虛名難期得力近來緝捕往往兵方馳至賊已遠逃縱復窮追跟蹤不及若再倒斃一時買補更難馬匹之不足又如此兵貴紀律統帶在乎得人調度無方必至貽誤謀勇兼備庶幾師出有功吉林地處邊疆官多士著雖不乏曾經戰陣之士實難選勇略出衆之才吉林副都統五欽除阿勒楚喀德英入京外惟三姓副都統富尼揚阿一缺實任餘皆調赴軍營時事孔多官司更少人才之不足又如此臣目擊時艱統籌大局盜賊一日不靖閭閻一日不安伏念該匪等結黨成羣樹旂列隊焚

燒擄掠拒捕抗官撲厥披猖直同叛逆現在忽出忽沒尙屬烏合無能誠恐愈聚愈多漸至鴟張莫制吉林爲

國家根本重地豈容稍有疎忽自宜及早剪除第滅賊必先練兵而練兵必先籌餉旣無餉項可以籌支惟有捐輸藉資糜費因査吉林通省鋪商原辦日釐各捐每年統計京錢十三萬數百千現擬傳集商民善爲勸導按照原額豫交一年經費庶不患拮据官司亦無從蒙混餉旣有出事即可行容當選拔精勇兵丁購買肥壯馬匹添雇獵戶嚴整鄉團遴委明幹勇

往之員分起統帶乘秋高木落水潦乾涸之時整旅
出師一鼓作氣撲賊所向實力窮追賊聚則合兵以
剿之賊散則分兵以擊之使之不得食息勢必潰散
奔逃以團練爲各路之應援到處截擊以獵戶爲入
山之嚮導跟蹤搜拏總期悉數殄除勿使稍留餘孽
有功者擇尤保舉僨事者按律嚴懲傷亡者予以賞
恤如此辦理或盜源可清邊疆可靖矣尋於八月二
十八日奉
上諭均著照所擬辦理該署將軍務當振刷精神廓清邊圉
但須實心實力不可徒事紙上之談有名無實並著與恩

合會同商酌以清盜源九月十六日阜保又奏言竊念
國家以根本爲重戢盜斯可靖邊軍旅以紀律爲先選
兵不如擇將關外盜匪蜂起勢漸披猖即如吉林匪
首痣瘩李一股起於奉天圍塲三道花園地方設立
二寨以爲老巢占據山林號召黨羽糾集旣衆出沒
靡常始則不過五六百人繼則多至一千數百人以
二十一人爲一隊共分七十餘隊有馬二千餘匹置
造旂幟拉運槍礮到處裹脅大肆縱橫滋擾村屯地
方受害焚劫驛站文報不通抗拒官軍直同叛逆由
昌圖而延擾長春由長春而回竄昌圖復奔吉林赫

爾蘇大孤家子等處近又回蒙古和羅站及開原一帶西竄奉吉兩省兵勇勦捕均各失利昨據探報又有邊外盜匪生鐵蛋者三四百名合而為一愈聚愈多若不迅就翦除必致釀成巨禍該匪等不過烏合之衆而兩省兵勇所以失利者非盡衆寡之不敵多因心力之不齊亦實由於統制之不一何則以兵勦賊兵來而賊已去兵去而賊又來兵合而賊忽分兵分而賊復合賊可沿途搶劫到處有糧兵必列隊遄行赴店造食賊之往來可以自主兵之進退反難自如且近據委員穆克德布禀報該匪等已於本月初

七日由開原清河溝赴英額邊門一帶奔竄入山等情追剿更恐不易雖有獵戶嚮導尤須兵勇跟蹤路徑崎嶇人家稀少晝則無從買食夜則無處棲身勞逸之分勝負之勢本已判然而況節制不專則人心不一人心不一則號令不行號令不行則進退不肅進退不肅則機會誤而氣勢餒矣以一省而論役勇由廳員招募不受旗員約束兵丁係旗員管帶不服廳員指揮臨陣則觀望徘徊僨事則彼此推諉不能同仇偕作斷難師出有功以兩省而論疆界既判畛域斯存以吉林兵勇入奉天境界則不甚盡心推之

於奉天當復然管轄不及呼應難靈以奉天員弁調
吉林兵勇則不肯聽命推之於吉林當復然於是東
擊西逃此拏彼竄賊愈勦而愈熾兵愈久而愈疲糜
餉勞師收功何日果欲勦捕之得力必先士卒之齊
心而欲士卒之齊心斷在事權之歸一伏讀
上諭飭令恩合出省督勦並因副都統富平阿已抵新任恩
合體察商令帶隊勦賊以期得力仰見
聖主簡賢任能之至意惟思該副都統富平阿雖經出師著
績現任大員勇往有餘而機智不足以之帶隊則可
期得力以之統制則未必見功不若恩合幹練有爲

勞績素著當日屢經緝捕於兩省地勢兵勢賊勢皆
所深悉現又以實任吉林將軍署任
盛京相應請
旨飭令該將軍恩合出省督師專辦勦賊事務所有奉吉兩
省兵丁役勇悉聽調遣旗民員弁自副都統同通以
下均歸節制其威足以震懾其權足以措施庶幾責
有專歸不致人懷疑貳由是四路兜擊不難一鼓殄
除三數月間小醜跳梁蕩平可望抑更有請者軍旅
既動則費用不貲馬匹須購也而口糧無論矣鍋帳
宜備也而器械無論矣況役勇素無錢糧平居未受

涓滴之恩臨難責以身命之報勢旣有所不能不得
不誘以重利在兵丁率多貧苦當茲風雪天寒之日
令其馳驅戎馬之閒亦恐難以得力不得不給以冬
衣需費浩繁庫儲告匱前雖擬由衆鋪籌辦勸捐遴
派多員廣爲開導無如吉林地方清苦捐務頻仍盜
賊縱横生意蕭索商力不逮辦理頗難故數十日來
尙無成效又不便十分逼勸卽該商等急公好義踴
躍輸將而集腋成裘亦屬緩不濟急查本省應領俸
餉除籌劃抵扣外尙欠領銀二十餘萬兩惟有仰懇
天恩

飭令戸部在於歷年積欠項下先籌撥實銀五六萬兩迅速
解省以救燃眉臣深知度支短絀籌畫艱難而需餉
孔殷不得不作將伯之請與其日後發百十萬帑金
治之於賊勢既延之候何如目前費五六萬經費勦
之於亂萌甫啟之時此餉款之急宜豫籌也賞罰不
明則軍心不固今日勦賊槍礮互擊鋒鏑交加對敵
情形直如軍營無異如仍照尋常緝捕辦理役勇既
愛惜性命難期戮力同心兵丁更顧戀身家未免臨
時畏避勇怯相混功罪莫分遇敵向前者既無所犒
賞臨陣退縮者反自謂智能必須大示勸懲方足以

資懾服第治罪可按律懲辦而獎功則非財不資口
糧尙慮不敷賜給更從何出惟有仰懇
明懸賞罰並請
飭撥帑金奮勇殺賊者獎以軍功巧滑僨事者治以軍法庶
幾有徵必信成效可期至於擒獲匪徒除脅從罔治
外其餘一經審明即行正法歸入彙奏免將供招咨
部以昭簡易此賞罰之尤宜明定也奏入十月初三
日

諭昨據恩合奏報業已出省督兵勦賊所請令該將軍總統
奉吉兩省官兵之處恐其力難兼顧著俟德英到吉林副

都統任後會同恩合勦辦阜保請飭戶部酌撥餉銀五六
萬兩已令該部如數撥解其後辦理年餘未得要領而練
軍之議起六年四月十一日將軍富明阿奏言查吉
林通省內外各城官兵多寡不同前於各劄欽遵辦
理時當已均勻分撥共練馬隊官兵一千名應委營
總六員分起部署參領二十員各帶一隊除臣富明
阿前在神機營練兵每十日演打鉛子準頭一次優
者酌給獎賞劣者立予責懲並演練馬隊章程悉仍
遵照辦理外其餘馬上放槍裝槍或突衝抄截或設
伏鬭引一分一合忽進忽退每日辰刻責令營總參

領等官齊集教場授以機式勤加教演總期指揮靈
動一呼百諾不使拘於成格虛應故事臣等並於每
月二五八日辰刻親赴教場校閱一次以定官兵優
劣隊伍是否長進其甯古塔伯都訥三姓阿勒楚喀
業經責令各該副都統均按每月三六九日親赴教
場認眞校閱雙城堡拉林琿春烏拉等處劄飭該總
管協領等各按每月一四七日操練惟念此項官兵
既已累月經年久長教練而應需鉛丸火藥火繩等
項爲數甚鉅無款可籌查有通省於春秋二季年例
演放槍操久已虛應故事除各該管兵等馬步騎射

仍照舊章教習以符定制其餘槍操擬請暫停餘出軍火以爲挹彼注茲之需但例操軍火於撥濟練軍每年均有不敷現擬另籌備用祇以庫無閒款不能不作正開銷並擬俟全軍歸伍通省撤練時每年例操再歸舊制再現派統領一員每月支給鹽糧馬乾銀八兩委營總六員每員月支鹽糧馬乾銀五兩委參領十二員每員月支鹽糧馬乾銀四兩五錢每兵一名月支鹽糧馬乾銀三兩其餘委防驍虛銜各官每月鹽糧馬乾仍令照依兵丁一律支領以示限制

從之

吉林通志卷五十三

武備志四　兵制四　靖邊軍

靖邊軍專爲邊防而設光緒六年將軍銘安與三品卿銜吳大澂先後奏請添練防軍馬步隊五千人嗣庫倫辦事大臣喜昌奏請續練五千人喜昌旋以一千人帶赴庫倫吉林實有防軍九千人七年奏裁二千人實以七千人分防甯古塔三姓琿春要隘專設督辦大員即以吳大澂爲之始立鞏衞綏安及靖邊各軍之名十年吳大澂爲北洋會辦選帶馬步三千人前赴天津其督辦邊防事宜以吉林將軍爲之而

以琿春副都統爲幫辦始時練隊皆湘淮勁勇將軍希元旣兼督辦始募本處西丹以足吳大澂帶往天津之數並徹去鞏衛綏安名目專以靖邊爲名分爲五路嗣後有缺即以旗下餘丁補之於是吉省防營處無不西丹者矣幫辦而下有總理六人有隨同辦事委員十三人差遣委員十七人委員二十一人辦事官二十三人等凡八十人其兵則自統領六人以下有營官九人幫帶官十人督隊官二十五人書識字識共九十四人哨官七十三人哨長五十人什長六百零五人伙夫六百二十一人馬夫一百十三人長夫八百三十五人步勇四千一百人馬勇一千零六十五人凡七千六百餘人水

師則總哨官一人領哨一人艙長十一人號令四人舵工十五人頭工十五人礮勇三十八人槳勇一百三十八人等凡二百二十三人都凡七千八九百人歲領部餉銀八十二萬兩亦歲出一大宗也營制初定仿湘淮軍步隊以五百人馬隊以二百五十人爲一營十一年裁減勇數中前左右四路並親軍步隊以四百五十人馬隊以二百二十五人爲一營惟後路三營以地要兵單仍如原定之數云其分駐兵數於各城詳之零星分防之所未據册報則亦不得不略也

督辦邊務事宜一員將軍兼督辦無專員

光緒七年四月

諭現在俄事雖已定議惟念中國邊境與俄毗連必宜慎固封守以爲思患豫防之計吉林之三姓甯古塔琿春等處防務尤關緊要卽著責成吳大澂督辦欽此

十年五月

諭現在吳大澂會辦北洋事宜所有甯古塔等處事宜統歸希元督辦欽此是年七月將軍希元疏稱現在督辦

旣蒙

恩派本省實缺之員事體稍異嗣後凡列銜下行之文擬

書曰督辦吉林邊務事宜

從之

邊務文案總理一員凡章疏文檄主之會辦一員隨同辦事委員二員差遣委員一員辦事官二員委員六員書識十八名

邊務糧餉總理一員凡轉輸糧仗主之隨同辦事委員二員差遣委員二員辦事官二員委員二員書識十五名

邊防營務總理一員凡調軍設防上承督辦而行會辦一員差遣委員四員辦事官四員委員七員書識十四名

邊務承辦委員二員書識六名

按文案糧餉營務三總理以下各員名均隨督辦

各治其事於會城皆光緒十年設是年又設邊防
軍械轉運總理一員辦事委員六員差遣委員五
員書識七名十六年裁
幫辦邊務事宜一員琿春副都統兼幫辦無專員
光緒十年五月
諭琿春副都統依克唐阿著隨同希元幫辦吉林一切事
宜欽此是年七月將軍希元疏稱幫辦吉林一切事宜
原專指邊務而言與將軍所轄各城之旗務通省之
民務自不相涉嗣後凡列銜下行之文擬書曰幫辦
吉林邊務事宜

從之

幫辦行營文案總理一員會辦一員隨同辦事委員二員差遣委員二員辦事官一員委員二員書識十六名

幫辦行營營務總理一員會辦一員隨同辦事委員一員差遣委員二員辦事官三員委員二員書識十四名

俄文書院洋教習一員醫官一員醫生一名

俄羅斯通事一員朝鮮通事一員

按幫辦文案總理幫辦營務總理以下各員名暨

洋教習通事各員均隨幫辦各治其事於琿春城

光緒十年設

吉林城

親軍中營步隊駐紮城內

統領兼營官一員隨同辦事委員一員差遣委員一員

辦事官一員哨官五員哨長五員什長五十名步勇四百名伙夫四十六名長夫二十四名搬運長夫四十名

親軍右營步隊原紮甯古塔後調紮會城

營官一員辦事官一員字識一名哨官五員哨長五

員什長五十名步勇四百名伙夫四十六名長夫二十四名搬運長夫四十名

親軍左營馬隊住紮松花江南岸

營官一員幫帶官二員字識一名哨官四員督隊官五員什長二十五名馬勇二百名伙夫三十一名馬夫二十二名搬運長夫二十名

後路左營馬隊原紮三姓後調省城分紮法特哈門一帶

營官一員幫帶官二員字識一名哨官四員督隊官五員什長二十五名馬勇二百二十五名伙夫三十一名馬夫二十二名搬運長夫二十名

後路右營步隊原紮三姓後調會城分紮東山八家子一帶

營官一員辦事官一員字識一名哨官五員哨長五員什長五十名步勇四百五十名伙夫四十六名長夫二十四名搬運長夫四十名

右統領營官辦事差遣各委員辦事官哨官哨長書識什長正兵伙夫長夫大凡二千四百十七員名

甯古塔城

左路中營步隊駐紮乜河地方在城東五十里

統領兼營官一員隨同辦事委員一員差遣委員一員

辦事官一員哨官五員哨長五員什長五十名步勇四百名伙夫四十六名長夫二十四名搬運長夫四十名

左路左營馬隊住棃乜河地方

營官一員幫帶官二員字識一名哨官四員督隊官五員什長二十五名馬勇二百名伙夫三十一名馬夫二十二名搬運長夫二十名

右統領營官辦事委員差遣委員辦事官幫帶官哨官哨長督隊官什長正兵伙夫長夫馬夫大凡八百八十五員名

三姓城

後路中營步隊駐紮巴彥通地方在城東北三十里

統領兼營官一員隨同辦事委員一員差遣委員一員辦事官一員哨官五員哨長五員什長五十名步勇四百五十名伙夫四十六名長夫二十四名搬運長夫四十名

右統領辦事委員差遣委員辦事官哨官哨長什長正兵伙夫長夫大凡六百三十四員名

礮臺

巴彥通地方礮臺五座在松花江南岸城東三十五

里距後路營壘四里光緒七年督辦邊防吳大澂奏
請建築十年工竣臺各長二十丈寬十丈高二丈置
十五生的密達後膛鋼礮環以土垣周一百五十丈
官廳口間火藥庫二座小藥庫四間兵房十間馬道
二道伏道四處
琿春城
中路中營步隊一營駐紮紅旗河南岸距城八里
統領兼營官一員隨同辦事委員一員差遣委員一員
辦事官一員哨官五員哨長五員什長五十名步勇
四百名伙夫四十六名長夫二十四名搬運長夫四

十名

中路右營步隊一營駐紮城東八里

營官一員辦事官一員字識一名哨官五員哨長五員什長五十名步勇四百名伙夫四十六名長夫二十四名搬運長夫四十名

中路後營步隊一營

營官一員辦事官一員字識一名哨官五員哨長五員什長五十名步勇四百名伙夫四十六名長夫二十四名搬運長夫四十名

前路中營步隊

統領官兼營一員隨同辦事委員一員差遣委員一員辦事官一員哨官五員哨長五員什長五十名步勇四百名伙夫四十六名長夫二十四名搬運長夫四十名

前路右營步隊一營駐紮黑頂子在城南一百七里路甚崎嶇間道出城東南二道河由俄界橫道河渉珠倫河經土門子為路七十里平坦易行

營官一員辦事官一員字識一名哨官五員哨長五員什長五十名步勇四百名伙夫四十六名長夫二十四名搬運長夫四十名

前路馬隊一營

營官一員幫帶官二員字識一名哨官四員督隊官五員什長二十五名馬勇二百名伙夫三十一名馬夫二十二名搬運長夫二十名

中路馬隊一哨

哨官一員督隊官一員什長五名馬勇四十名伙夫六名馬夫三名搬運長夫四名

右路中營步隊駐紮煙集岡亦稱南岡在城西北四百里

統領兼營官一員隨同辦事委員一員差遣委員一員

辦事官一員哨官五員哨長五員什長五十名步勇四百名伙夫四十六名長夫二十四名搬運長夫四

十名

右路左營馬隊一營駐紮煙集岡道南距右路中營一里

營官一員幫帶官二員字識一名哨官四員督隊官四員什長二十五名馬勇二百名伙夫三十一名馬夫二十二名搬運長夫二十名

右統領營官辦事委員差遣委員辦事官幫帶官哨官哨長督隊官字識什長正兵長夫伙夫馬夫大凡四千一百二十二員名

礮臺

外郎屯地方礮臺三座城西南十餘里光緒十四年

副都統依克唐阿奏請改築如式光緒七年督辦邊防吳大澂奏請於琿春扼要地方修築礮臺嗣因基址不合式至是改築

中礮臺十九丈五尺東礮臺二十丈西礮臺二十一丈五尺各置十五生的鋼礮環以土垣周一百二十三丈五尺高一丈二尺

官廳六間藥彈房三所兵房十間馬道三道

阿拉坎地方礮臺三座城東南十里光緒十四年副都統依克唐阿奏請改築如式

東礮臺高二丈一尺西礮臺南礮臺高如之各置十五生的鋼礮環以土垣周一百二十三丈七尺高一

丈二尺
官廳六間藥彈房三間兵房十間馬道三道
水師營夏則梭巡於三姓阿勒楚喀伯都訥之松花江上下游冬則駐紮於三姓巴彥通及賓州
廳之夾板
站地方
總哨官一員辦事官一員字識一名哨官二員艙長九員號令二名舵工十二名頭工十二名礮勇三十名槳勇一百零八名
右總哨官辦事官字識哨官艙長號令舵工頭工礮勇槳勇大凡一百七十八員名光緒十五年設
三板船三隻每船鴐嚼爾薩礮各二尊共嚼爾薩礮

六尊四板船九隻每船駕嘁爾薩礮各一尊共嘁爾

薩礮九尊船制詳船艦門

圖們江水師營夏則梭巡於圖們江上下游冬則駐紥於琿春之西步江

領哨一員字識一名艙長二員號令二名舵工三名

頭工三名礮勇八名槳勇二十八名

右領哨字識艙長號令舵工頭工礮勇大凡四十

八員名光緒十五年設

三板船一隻駕嘁爾薩礮二尊四板船二隻每船駕

嘁爾薩礮各一尊船制詳船艦門

三岔口招墾總局

總理一員委員一員司事二名屯總五員通事一名
書識三名獵戶四十名夫役十一名
穆稜河招墾分局
委員一員書識一名夫役二名
琿春招墾總局
總理一員委員一員書識四名夫役五名
五道溝招墾分局
委員一員書識一名夫役二名
南岡招墾分局
委員一員書識一名夫役二名

案以上各局員因邊防而設故次之

靖邊軍裁併之數附後

光緒六年以鞏字軍步隊二營馬隊一營駐甯古塔之七河以毅字軍步隊三營馬隊二營駐三姓巴彥通以衛字軍步隊二營馬隊二營駐琿春以安字軍馬隊一營駐會城歲請部庫銀五十萬兩　是年又以靖邊軍左路中營步隊一營馬隊一哨左營馬隊一營右營步隊一營右路步隊二營馬隊一哨駐甯古塔以靖邊軍中路中左右三營駐琿春又設靖邊親軍一營歲請部庫銀四十萬兩　七年以靖邊軍

中路右營一營親軍一營調往庫倫　九年以甯古塔鞏字軍步隊二營馬隊一營靖邊親軍步隊一營馬隊一哨原係靖邊右路後改親軍調往北洋防所案是年通省實有防軍馬隊十三營二哨　十年以原有衛字軍馬隊二營步隊二營撤銷衛字名目改爲靖邊前路仍駐琿春以原有靖邊中路步隊二營馬隊一哨又挑選西丹步隊一營定爲靖邊中路仍駐琿春以原有靖邊左路步隊二營馬隊一營一哨又挑選西丹四哨定爲靖邊左路仍駐甯古塔以挑選西丹步隊二營馬隊一營定爲靖邊右路駐琿春之煙集岡以原有敎字軍馬隊一

營步隊一營撤銷綏字名目又挑選西丹步隊一營定爲靖邊後路仍駐三姓以原有安字軍馬隊一營撤銷安字名目駐會城以親軍步隊靖邊右路改一營又挑選西丹步隊一營駐寗古塔又挑選西丹馬隊二哨駐琿春定爲靖邊親軍三營三哨案是年通省實有靖邊五路一軍馬步二十營三哨是年設邊務文案總理邊務糧餉總理邊務營務總理以下各員名員數詳前又設轉運軍械局總理一員辦事委員六員差遣委員五員書識七名

十一年每營兵勇裁十成之一案原定營制仿湘淮軍以步隊五百名馬隊二百五十名爲則是年裁減勇營凡中前左右四路並親軍步隊定以四百五十名馬隊二百二

十五名惟後路三營以地要兵單如原定勇數步隊每營長夫裁二十四名

馬隊每營長夫裁十二名共裁兵勇長夫一千一百餘名　是年抽撥右路步隊一營左路馬隊一營步隊一營歸入吉字軍案是年通省實有馬步十七營三哨　十三年以口路步隊一營馬隊一哨試辦黑頂子屯墾　十四年以前路前營馬隊一營後路左營馬隊一營改爲礮臺營　是年冬仍將礮臺營改爲馬隊案是年初購克鹿卜鋼礮四十尊專備礮臺營操演迨改回馬隊將鋼礮分撥步隊營操練　十六年裁黑頂子屯墾撥還靖邊軍步隊一營馬隊一哨　是年裁轉運軍械局總理以下各員名　十七年以前路

馬隊一營改松花江水師營又以馬隊改圖們江水師爲一哨

光緒七年將軍銘安奏言吉省東北一帶與俄接壤水陸毗連從前劃界僅設卡倫並無防兵屯守近據各處探報俄界之伯力紅土崖雙城子等處選練兵隊建造營房竟無虛日夷情叵測詭譎多端未可因和議已成稍爲鬆勁儻我處或備防略弛彼族必猖獗依然此本省各處防軍不可裁撤之實在情形也臣與三品卿銜吳大澂先後奏請添練防軍馬步隊五千名歲請餉銀五十萬兩嗣經新授庫倫辦事大

臣喜昌奏請續練防軍馬步隊五千名歲請餉銀四十萬兩除喜昌帶領一千人前赴庫倫外實有防軍九千名防餉銀八十餘萬兩查省城各城練隊共四千五百餘員名歲撥各省協餉三十萬兩合計吉省防練各軍共一萬三千五百餘名防練各餉共一百一十餘萬兩

國家之帑項至爲艱難若不力節虛糜深恐難以持久現在俄事雖已定議正當卧薪嘗膽力求自强而欲使邊境之乂安必先清內地之盜賊臣統籌全局擬請將吉省防軍練軍防餉練餉合而爲一於防軍九

千名內裁撤二千名於練軍四千五百餘名內裁撤
五百餘名共留兵勇一萬一千名歲領部餉一百萬
兩三姓琿春各留紮兵勇二千五百名甯古塔留紮
兵勇二千名以此七千名作爲防軍其餘四千名分
布各城照舊巡緝甯古塔琿春三姓三處各於防軍
內抽撥三百名更換緝捕以靖地方通盤覈計吉省
可裁撤兵勇二千五百餘名節省餉銀十餘萬兩從
此內外兼修及時規畫庶冀一勞永逸可期長治久
安大抵兵以勞而强以逸而弱目下事機已定邊釁
可以不開而防軍九千八歲費餉銀八十餘萬兩雖

督飭將領盡心蒐討第在防屯守既無戰陣之事無
奔走之勞日久懈生勢所必至不待智者而始知也
今防練各軍既不患其偏枯復可互相聯絡甯古塔
三姓琿春共留防軍七千人分紮要隘洵足固疆圉
而壯聲威再於各處抽撥三百名更番巡緝各清各
界既可以均其勞逸復可以振其精神即邊界遇有
賊匪防軍一體摎拏俾免竄入俄境致開邊釁省城
及各城有四千練隊碁布星羅互相聲援足敷調遣
再由　臣　督飭將領勤爲訓練使其食用無缺自能所
向有功如此變通辦理可以固封守可以靖地方並

可以節餉項實一舉而三善備焉矣據檔冊

十年將軍希元奏言查六年原練防軍本非定額七年專設督辦時合鞏衛綏安及靖邊各軍共二十營三哨每年議定由部撥領餉銀八十二萬兩分防甯古塔三姓琿春各要隘無如地勢遼闊與俄夷接壤者南北千有餘里當時邊軍萬人分布各處本未裕如九年吳大澂選帶馬步三千人前赴天津鞏字一營全數離吉其餘抽調各軍復皆選其精壯所贘十三營利器亦所存無多而且奇零湊雜營制紛歧爲今之計惟有添練數營略張聲勢冀可建威銷萌擬

請照吳大澂督辦時所設防軍原額由旗營挑選精
壯西丹三千八一律補足並撤銷衛綏安名目統依
靖邊原名分爲五路俾可悉臻整飭卽日後地方静
謐概撤歸旗亦不致如民勇有易聚難散之弊其應
用軍械馬匹及一切事宜亦照舊章如數置備俾得
加緊訓練及早成軍至邊餉原額年年由部撥銀八
十二萬兩本有成數可循現既請補兵額則餉數自
應如舊伏乞
飭部照吳大澂奏劃三十二萬兩仍自七月起分季籌撥
給領其截曠之數卽爲添置一切軍裝之用

七月又奏稱邊軍各差務關防大半隨隊赴津自應
刊刻頒發以資蓋用計現頒木質關防六顆曰督辦
吉林邊務文案處之關防曰督辦吉林邊防營務處
之關防曰督辦吉林邊務糧餉處之關防曰督辦吉
林軍械轉運局之關防曰幫辦吉林邊務文案處之
關防曰幫辦吉林邊防營務處之關防其餘各軍關
防鈐記體制不一或有或無應俟新舊各軍補練齊
全再行一律頒發云云
十月又奏言准部咨遵議以東三省爲根本重地吉
林逼處俄疆邊防尤關緊要不得不先其所急以固

邊圉擬即准如所請由旗營内挑選精壯西丹三千
八補足吉林防軍原額統改爲靖邊營其應領防餉
亦准每年由部庫添撥銀三十二萬兩以足原定八
十二萬兩之數自奏報成軍之日起分季派員赴部
支領以濟要需並令將改定營務章程及防勇花名
成軍起支餉項日期先行造册送部以憑稽覈奉
旨依議欽此恭錄飛咨前來遵將内外各城所選精壯丁
丹三千零五十八挑齊内有獵戶礮手一百五十八
分隸添練之馬步七營一哨以補足吳大澂帶赴津
防各營之數連原有留防之馬步十三營二哨歸併

編入統計馬隊七營三哨步隊十三營共爲馬步二
十營三哨仍合防軍原練之額一律統爲靖邊名目
分作五路一軍當由臣等慎選得力將領於十月初
一日起添練成軍當飭各將領各帶所部馳赴防所
認眞訓練務使技藝精强悉成勁旅庶幾緩急足恃
至從前邊防靖邊兩軍營制紛歧月領餉項未能劃
一現經悉心覈定自統領以至馬步各隊營哨官弁
勇夫暨各局處辦事委員書手月需薪水公費口糧
馬乾一切數目比照先前支銷各案酌量增減定爲
營制新章俾歸一律凡新章內所無如前之親兵護

勇領旗及柴草銀兩各名目盡行裁汰以省冗費即
遵部臣奏定於十月初一日成軍之日起照依新章
支領餉項
從之
十五年吉林將軍長順黑龍江將軍依克唐阿奏查
松花一江直達兩省南爲吉界之伯都訥阿勒楚喀
三姓地面北爲黑龍江呼蘭巴彥蘇蘇等處地面沿江
上下袤延千餘里兩岸柳條叢密而江之中縈迴紆
曲又多沙灘孤洲或十餘里一灘或數十里一洲凡
遇灘洲之間均多柳條樹木四面皆水環繞每到夏

天盜賊恃爲巢穴商船往來多有搶劫官兵無船實難剿除非設立水師礮船分段巡緝合力擒捕不能制其死命今擬變通淮軍水師章程參以此間形勢先修造大舢板船一號駕礮二尊以總哨官一員帶之舢板船二號每船駕礮二尊以哨官二員分帶之四板船九號每船駕礮一尊用艙長九名分帶之每哨官節制艙長三名統歸總哨官管轄共用頭工舵工各十二名礮勇三十名槳勇一百零八名外辦事官書識一名號令二名均歸總哨官之船管理分泊三姓阿勒楚喀伯都訥三處常川梭巡庶盜匪無所

隱匿實用力少而收功多也惟餉項支絀未便遽請
部款去冬曾將靖邊礮隊兩營奏明改囘馬隊兩營
共礮四十尊馬二百八十四匹分撥步隊十營照常
操練兹閱該馬隊官勇多籍隸南方習知水性以一
營改爲水師則兵不另募餉亦不必另籌當將官弁
勇目分别挑選定妥其馬乾一項仍須分撥步隊十
營爲拉礮馬匹之需至現在造船及將來三年大修
九年改造等項經費暫由吉林另行籌款隨時報部
立案
十月長順又奏吉林朝鮮以圖們江爲界此次查出

沿江私設橋渡已飭督理和龍峪商務總局委員章
鴻錫會同朝鮮邊界官概行撤毀仍照章在光霽峪
分卡並西步江分局開市處所對岸設渡所有來往
商民彼此驗照方准放行以杜漏稅及越墾之弊惟
是沿江上下數百里巡查不易況俄人現復與朝鮮
陸路通商則我之琿春一帶交涉事件勢必更增繁
重臣擬於圖們江設立三板礮船二號上下梭巡於
邊防亦不無少補其礮船一切悉按本年四月奏設
松花江水師礮船章程辦理至冬令封江之後即將
船上弁兵並酌撥隊伍扼要巡緝俾臻嚴密

吉林通志卷五十四

武備志五　兵志五　吉字營練軍

吉字營練軍之興肇於光緒十一年以籌備東三省
邊防
特簡練兵大臣會同各將軍分別辦理福州將軍穆圖善
實始其事名吉林省爲吉字營初年挑選兵丁五千人成軍次年撤半歸旗續調二千五百人補之又次年再撤半歸旗續調二千五百人補之期以三年實成練軍一萬人更番加練周而復始非有重大軍務
奉

旨出征不准擅調一應事宜經軍機王大臣神機營王大臣總理各國事務王大臣會議奏定隸海軍衙門管理歲需餉械均由海軍衙門關領練軍大臣駐於奉天省城大臣以下有總統有幫統有統領有管帶各官分駐三省而各城副都統悉聽大臣節制云

總統一員幫統一員由練軍大臣奏派知兵大員駐於會城督飭訓練兵丹

營務總辦一員會辦一員

文案總辦一員會辦一員

左翼練軍營駐紮東門外

統領一員隨同辦事委員一員差遣委員一員辦事
官二員
馬隊一營營官一員幫帶官一員字識一名哨官五
員督隊官五員什長二十五名西丹二百二十五名
步隊四營每營營官一員共營官四員辦事官一員
共辦事官四員字識一名共字識四名哨官五員共
哨官二十員哨長五員共哨長二十員什長五十名
共什長二百名西丹四百五十名共西丹一千八百
名
右翼練軍營駐紮西門外

統領一員隨同辦事委員一員差遣委員一員辦事
官二員
馬隊一營營官一員幫帶官一員字識一名哨官五
員督隊官五員什長二十五名西丹二百二十五名
步隊四營每營營官一員共營官四員辦事官一員
共辦事官四員字識一名共字識四名哨官五員共
哨官二十員哨長五員共哨長二十員什長五十名
共什長二百名西丹四百五十名共西丹一千八百
名以上據册報
軍器 來福前膛步槍四千桿 克虜卜礮二十尊

礮車全　洋馬槍一千桿　毛瑟槍三千桿佩袋如槍數
哈乞開斯槍十一桿佩袋如槍數　籐牌六十面　白蠟
桿九百根　藍白帳棚五百二十架棚桿鐵鐝如帳數　貓
耳刀槍八十桿　雙手虎頭鉤八把　雙手帶大刀
八把　春秋大刀二十把　雁翎刀八把　鳳翅槍
四桿　單刀四十把　木單刀二十把　木雙刀八
把　開花子六千箇　開花信子六千箇　葡萄子
二千箇　葡萄信子二千箇　葡萄子銅壳二千箇
葡萄子螺絲二千箇以上光緒十二年領
光緒十一年神機營王大臣奏竊維防邊之要首在

審地勢察敵情先事圖維擇要布置而選將練兵尤其急務也東三省統轄至廣
盛京十四城爲邊門者二十餘吉林八城爲邊門者四黑龍江六城舊設卡倫之區七十一從前中俄立界於尼布楚開市於恰克圖斥堠之設多在中路北徼而東方則晏然無事也自咸豐年間分界以後黑龍江以北烏蘇里江興凱湖以東數千里之地悉歸俄屬於是吉林黑龍江二省遂無師船出海之口而邊事因之日亟矣且圖門江一帶界址至今尚多轇轕邊情反覆勢難久恃查吉林黑龍江省與俄之阿穆

爾省一江之隔其省城在海蘭泡與我黑龍江副都
統所治之城相望沿江上下皆敵壘也吉林省與彼
之東海濱省毗連其新設酋長駐海參崴雙城子又
別屯兵於巖杵河摩闊崴諸處而以駐紮伯力之重
酋聯絡其間其兩省額兵度亦不少常招徠屯墾客
戶編爲民兵以輔其不足近且逼琿春爲壘開通圖
們江東岸以窺朝鮮北境行船松花江以窺三姓上
游情殊叵測吉林所最要者琿春一城與彼逼壤其
西南接連朝鮮之慶源慶興兩府一葦可杭毫無障
隔三姓一城水路上距伯都訥之三岔口一千餘里

自三岔口西南陸路由蒙古郭爾羅斯界經蒙古草
地直抵奉天之法庫邊門不及千里最爲便捷然則
該兩處最宜注意一以便保護朝鮮北境一以屏蔽
我松花江上游伯都訥腹地此吉林大略情形也黑
龍江爲吉林肩輔上游有內興安嶺一帶爲之阻隔
設防宜在下游舊設卡倫今存四十七處多在呼倫
貝爾以西今旣劃江爲界則卡倫宜改設東北又將
軍遠駐齊齊哈爾北距黑龍江城尚八百里控制非
便則副都統之任較重此黑龍江大略情形也奉天
吉林皆界朝鮮吉林以圖們江爲界奉天以鴨綠江

爲界舊設鳳凰靉陽鹻廠旺清英額威遠六邊門爲
扼要之地今水路則趨重旅順口大連灣一帶陸路
則自同治六年奏明勘荒開墾以後邊門以外耕犂
櫛比設官置戍直抵鴨綠江西非厚集兵力水陸犄
角不足以顧根本而護藩邦而腹地防營似可酌量
併省以節餉力此奉天大略情形也臣等查光緒六
年經戶部總理衙門奏定請
飭下各省每年協撥東北邊防經費二百萬兩雖解不足
額然部墊部撥之款數實相當今試以東三省兵數
計之歷據該將軍等先後奏報奉天經制額兵二萬

二千八百餘名練軍馬步隊及緝捕勇丁又一萬三千一百餘名而雷正綰宋慶等軍之食江浙河南餉者猶不與焉吉林額兵現據册報一萬一千餘名烏拉牲丁四千餘名練軍四千餘名靖邊防軍一萬一千餘名黑龍江額兵現據册報一萬零九百餘名外馬步練軍四千五百餘名以上三省通計之共有土客兵籍幾及九萬八兵力不可謂尚單以餉數計之奉天地丁地租貨釐洋稅船規歲入銀一百三十一萬四千餘兩又各省協撥實解到銀十一二萬兩吉林歲入之款約銀四十五萬六千餘兩又部款撥銀

九十萬兩部庫墊發銀二十八萬兩各省協撥實解到銀六七萬兩黑龍江歲入之款約銀三十六萬六千一百餘兩又部庫撥銀三十四萬各省協撥實解到銀五萬至八萬兩不等是東三省歲需餉銀三百七十三萬客軍之費不在內餉力不可謂不厚當此艱難支拄之秋任兵事者自宜加意整飭庶幾兵歸實用餉不虛糜臣等公同商酌現在籌辦之策約有三端一曰整頓練軍查三省本已各有練軍然多寡不等訓練不齊日久無事漸至驕惰仍恐有名無實自宜立定章程重加挑練每省以五千名爲率汰弱

留強化散爲整調集合操務臻精熟一年後撤半歸伍續調二千五百人以補之次年再撤半補半以三年計之可得練軍一萬人自此更番練習週而復始即可一律整齊向來東省長於馬隊現在審時度勢仍以步隊爲宜練軍中擬練馬隊五分之一相輔而行其原有馬隊較多之處可酌量裁改所用鎗枝以七響洋馬槍六轉手槍相間練習此於籌防之中仍寓節餉之意俟將來帑項充裕每省可推廣至萬人作爲常用軍俾資捍衞至三省民籍甚多每至流爲匪類儻擇其材勇者招集編伍亦可潛消內患如果

辦有成效即以代客軍之用是一舉而兩得也一曰
籌備火器從前旗營專習弓箭火槍自泰西競尚槍
礮日異月新其迅疾致遠實爲行軍利用總理衙門
上年正月間行文通查外省練軍火器先後據
盛京將軍咨報捷勝長勝等營練軍及調駐客軍計練
習前後膛洋槍者四千餘名礮兵一千一百餘名吉
林將軍咨報册開邊防馬步各營練洋槍洋礮者共
五千五百餘員名馬軍步軍各營則練洋槍者約三
千人黑龍江將軍咨報所有練軍西丹前經奏調洋
槍洋礮教習常川操演五千名是三省操演業已并

用新法現計三省練軍需用洋礮各五千尊後膛洋槍各四千枝除該各省現有洋槍礮外尚短若干應即如數購備應用子藥由津局造撥至洋槍名目不一用法亦不同須擇其最宜者用之將來逐漸改歸一律則器良而技熟臨敵不至參差矣一曰覈定軍餉查東三省餉需以吉林爲最多奉天次之黑龍江又次之以本省入款抵用添撥無多黑龍江入款撥款各半吉林則入款不及十之三撥款逾十之七蓋自東北設防以來歲餉已增加不少矣現據三省各練兵五千人應就各該省舊有之餉從實覈計如有

不敷奏明由戶部撥給專款其購買槍礮之需一併由部籌撥俾資應用以上三事應如何妥定章程一律舉辦擬請

旨特派知兵大員會同三省將軍詳細籌議奏明辦理再從前伊犁養兵之費半資屯田其法以旗漢兵每年分撥四成屯田六成差操更番爲之故可持久吉林荒地極多借使於經制兵內仿伊犁成法抽調若干成授地墾荒鑿渠灌溉以資生計雙城堡卽其明驗凡此皆於邊防大有裨益應由

簡派大臣會同該將軍等寮酌情勢奏請施行云云案是議統

論三省形勢爲練
兵之始故備載之

是年練軍大臣穆圖善將軍希元會奏云竊吉省已練之兵存城無幾餘皆分防各城要隘未便調歸校閲惟値防務稍鬆之時可於兵力稍厚地方查照海軍衙門會議抽撥馬步隊三二成歸於練營稍節餉需臣希元自應量爲抽撥以符原奏茲將抽撥防軍右路步隊左路馬步各一營練軍馬隊一起共一千五百名隨帶馬匹槍械劃撥現食月餉以清界限臣穆圖善查該省所撥馬步練兵餉數稍有多寡之殊應照新練章程支發俾歸畫一又於食餉未練之兵

及八旗台站西丹内挑選年力精壯者二千九百七十名加入撥吉教習二十五名正藍旗護軍統領倭恆額等奏准調營兵丁十名編入歸伍合已練馬步四營添練步隊六營共足原議四千五百人之數每日先發小口糧暫行租住棧房照議立爲吉字營分爲左右兩翼仍照奉省卽按八旗分定營制於八月初一日一律點驗開練成軍起支正餉各營旗幟號衣均已製辦齊備約計吉省挑馬步十營除由吉省抽撥已練之馬隊兩起步隊兩營隨帶現食月餉銀九千八百九十七兩零不計外新挑步隊六營餉乾

將領員弁各費各局薪水每月實需正餉銀一萬九千五百七十三兩零其餘修蓋營房製辦旗幟號衣及各營購備器具照章支銷各費尚在月餉之外至於紮營基地已擇定東西門外即飭總統等督率馬步練軍趕緊修築營壘使兵早日歸營專心操練並飭將未盡事宜遵照立定規模妥爲經理如遇緊要事件應由倭恆額等隨時咨請臣希元酌辦臣穆圖善於辦理就緒之後即赴黑龍江開辦俟該省成軍仍由吉回奉挨次校閱總期成爲勁旅一兵得一兵之用

十七年海軍衙門覆奏今據定安等奏稱現在東三
省練軍三班換練既多窒礙不如增添馬隊酌改步
隊擬將每省步隊八營改爲八起每起步隊以五百
五十八爲率每省各練步隊二千人原有馬隊兩起
再增馬隊兩起合成馬隊一千人仍符九千人之數
但擇得力不分制兵西丹三年之後查看情形撤練
歸旗再調一班接練如准出營制兵則令歸伍西丹
則令歸農各聽其自謀生計不給津貼儻遇征調除
實有事故者不計外其餘均按册挨傳到營之日仍
照章支餉所有各該營夫銀酌減覈算照現派官兵

人數另款提存約有十萬餘兩俟征調之時再行奏
明支銷覈計三省所增馬隊銀數比較酌改步隊餉
數不過增銀三萬數千兩而以節省之津貼劃抵尚
有盈餘盛吉兩省隨帶餉乾仍循其舊等語查該大
臣等所陳係爲整頓軍實因時制宜起見自應准如
所請辦理惟一兵必須得一兵之用務求年力精壯
者以充是選尤貴隨時隨事加意講求稽其勤惰如
有身體輭弱不堪訓練者立加裁汰庶幾緩急可恃
從之
謹案吉字營練軍則於本省練軍而外就額兵酉

丹重加選調集駐於吉林省常班合操營制餉章
視內省勇營大致相似而總統幫統則皆侍衛大
臣奏派前來下逮統領管帶薪水均優歲約五十
餘萬金以供全營軍需班兵之制本德國民兵程
法每下番時月給津貼銀一兩俾無他役甚盛典
也乃換班之始大臣穆圖善遽以疾卒前黑龍江
將軍定安奉
命代之至光緒十口年練軍始成將軍會銜奏事而軍中
黜陟進止悉稟大臣每屆換班之期大臣按臨會
將軍選調兵丹以合於營則總統幫統躬治其役

季課月校將軍亦不甚預聞也近數年來大臣更不親行每歲冬操遣總統一人來吉閲視一年之事數日而畢草草從事賞罰亦祗具文其有名無實固不待用之而始知也古云有治法無治人豈不諒哉

附前代兵制

東漢時夫餘國以弓矢刀矛爲兵後漢書一百十五

挹婁自漢興以後臣屬夫餘種衆雖少而多勇力又善射發能入人目弓長四尺力如弩矢用楛長一尺八寸青石爲鏃鏃皆施毒中人即死同上

高句驪其人性凶急有氣力習戰鬭同上

東沃沮有邑落長帥人性質直彊勇便持矛步戰同上

濊能步戰作矛長三丈或數人共持之同上

肅愼氏有石砮皮骨之甲檀弓三尺五寸楛矢長尺有咫晉書九十七

勿吉國其人勁悍其部類凡有七種一號粟末部勝兵數千二伯咄部勝兵七千三安車骨部四拂涅部五號室部六黑水部七白山部勝兵並不過三千自拂涅以東矢皆石鏃卽古肅愼氏也北史九十四

渤海本粟末靺鞨戸十餘萬勝兵數萬新唐書二百十九

遼屬國有鐵驪靺鞨兀惹北女直輝發原作回跋伯利原作頗里女直有事則遣使徵兵或下詔專征不從者討之助軍衆寡各從其便無常額遼史三十六

邊境戍兵以備高麗女直等國東京至鴨淥西北峰爲界黃龍府正兵五千咸州正兵一千東京沿女直

界至鴨渌江軍堡凡七十各守軍二十八計正兵一千四百同上

泰州德昌軍節度兵事屬東北統軍司同上三十七

長春州韶陽軍下節度兵事屬東北統軍司同上

賓州懷化軍節度兵事隸黃龍府都部屬司同上

湖州興利軍刺史兵事隸東京統軍司同上

渤州清化軍刺史兵事隸東京統軍司同上

涑州刺史兵事隸南兵馬司同上

甯江州混同軍觀察兵事屬東北統軍司同上

祥州瑞聖軍節度兵事隸黃龍府都部署司同上

長春路鎮撫女直室韋置黄龍府兵馬都部署司咸州兵馬詳穩司東北路都統軍司契丹國志二十二

金穆宗九年壬午募軍得甲千餘女直甲兵之數始見於此蓋未嘗滿千也金史

太祖二年甲午進軍甯江州諸路兵皆會於淶流水得二千五百人二同上

十月初命諸軍以三百戸爲謀克十謀克爲猛安十一月至鴨子河大軍登岸甲士三千七百俄與敵遇遼兵潰獲首虜甲兵不可勝數遼人嘗言女直兵若滿萬則不可敵至是始滿萬云同上

金之初年諸部之民無它徭役壯者皆兵平居則聽以佃漁射獵習爲勞事有警則下令部內及遣使詣諸貝勒徵兵凡步騎之仗糗皆取備焉其部長曰貝勒行兵則稱曰明安穆昆從其多寡以爲號明安者千夫長也穆昆者百夫長也穆昆之副曰富埒琿士卒之副從曰伊勒希部卒之數初無定制至太祖即位之二年既以二千五百破耶律色實始命以三百戶爲穆昆穆昆十爲明安繼而諸部來降率用明安穆昆之名以授其首領而部伍其人八十四金史四

大定閒上嘗以率賓呼爾哈人驍勇可用海陵嘗欲

徙之而未能二十四年以上京剌和倫之地廣而腴遂詔遣刑部尚書烏哩雅出府庫錢以濟行資牛畜遷率賓一明安呼爾哈二明安二十四穆昆以實之蓋欲上京兵多他日可爲緩急之備也同上

女直用兵戈爲前行號曰硬軍人馬皆全甲刀自副弓矢在後彀而不發非五十步不射弓力不過七斗箭鏃至六七寸形如鑿入輒不可出攜不滿百隊伍之法什伍百皆有長伍長擊柝什長執旂百長挾鼓千長則旂幟金鼓悉備伍長戰死四人皆斬什長戰死伍長皆斬百長戰死什長皆斬負戰死之屍以歸

者則得其家貲之半凡爲將人自執旂人視其所向而趨自主帥至步卒皆自取無從者國有大事適野環坐畫灰而議自卑者始議畢卽漫滅之人不聞聲其密如此將行軍大會而飲使人獻策主帥聽而擇焉其合者卽爲將任其事師還又大會問有功高下賞之以金若干舉以示衆或以爲薄復增之初皆騎兵旂幟之外各有字記大小牌子繫馬上爲號每五十人分爲一隊前二十人全裝重甲持棍槍後三十人輕甲操弓矢每遇敵必有一二人躍馬而出先觀陣之虛實或向其左右前後結隊而馳擊之百步之

內弓矢齊發中者常多勝則整隊而緩追敗則復聚而不散其分合出入應變若神北盟會編三

金人以水德凡用師行征伐旗幟尚黑雖五方皆具必以黑爲主同上二百四十四

金人用兵專尚騎閒有步者乃簽差漢兒取勝全不責於步惟運薪水掘壕塹張虛勢搬糧草而已騎不以多寡約五十騎爲一隊相去百步而行居常以兩騎自隨戰騎則閑牽之待敵而後用又有一貼軍曰阿里喜如遇正軍病即以貼軍代行都主兵官曰天下兵馬大元帥次曰左副元帥右副元帥左翊都統

右翊都統又其次曰遜軍萬戶每一萬戶所轄一千戶一千戶轄十謀克（謀克謂百戶也）一謀克轄兩蒲輦（蒲輦五十戶也）自萬戶至蒲輦階級雖設尋常飲酒食口略不閒列與兄弟父子等所以上下情通無閉塞之患其臨大敵也必以步軍當先精騎兩翼之或進或退見可而前弓矢亦不妄發其言曰不能打一百餘箇同合何以謂馬軍蓋騎善乎往來衝突而已（同上）

元世祖中統四年十一月女直水達達及乞烈賓地僉軍三千人（元史九十八）

至元四年十二月僉女直水達達軍三千人（同上）

二十九年以咸平府東京所屯新附軍五百人增戍

女直地同上九

十九

吉林通志卷五十五

武備志六 分界

聖祖仁皇帝康熙二十一年八月

遣副都統郎坦等偵探羅刹情形羅刹者鄂羅斯國人也獷

悍貪鄙冥頑無知所居與黑龍江諸處密邇我達呼

爾索倫之人因呼之爲羅刹每橫肆殺掠爲邊境害

順治九年駐防甯古塔章京海色率所部擊之戰於

烏札拉村十二年尚書都統明安達禮自京率師往

討以餉匱班師十四年鎭守甯古塔昂邦章京沙爾

呼達敗之尚堅烏黑十五年復敗之松花庫爾瀚兩

江之間十六年沙爾呼達卒其子巴海代尋授將軍
十七年巴海大敗之古法檀村然皆中道而返未獲
翦除以故羅刹仍不時出沒康熙十五年侵入精奇
哩江諸處築室盤踞恃雅克薩城爲巢穴數擾及吉
林之赫眞斐雅喀奇勒爾居民
上深爲籌度謂非剿以兵威則罔知懲畏將至蔓延遂决意
征勦
先遣副都統郎坦公朋春等率官兵往
上諭之曰鄂羅斯國所屬羅刹犯我黑龍江一帶近聞蔓延
益甚過鈕滿恆滾諸處至赫眞斐雅喀虞人住所殺掠不

巳爾等此行詳視陸路近遠沿黑龍江行圍徑薄雅克薩城下勘其居址情形還時須詳視自黑龍江至額蘇里舟行遠近及已至額蘇里其路直通甯古塔者十二月鎮守甯古塔將軍巴海以甯古塔戰艦稍有損壞請發物料用資修整

上以修整戰艦所關甚鉅以戸部尚書伊桑阿往董其事庚子郎坦等以羅刹情形具奏

上命鎮守甯古塔將軍巴海副都統薩布素統兵往駐愛琿呼瑪爾二十二年三月

命造船運糧松花江

諭曰前薩布素來奏明年六月前兵食伊等賫行餘悉存留爾時曾諭以六月後所需運黑龍江松花江交匯之處令其迎取今應於烏拉造大船五十艘或以薩布素等所留蒙古錫伯米或以盛京所發米計口運往烏拉甯古塔兵皆貧乏之現在出征者半任輸輓復用餘兵恐致困苦烏拉席特庫八家獵戶停獵一年令其輸輓庶兵力稍紓黑龍松花兩江交匯處自吉林順流而往薩布素自彼駐兵之所順流而來水路遠近相等俟明春冰解即運兩江接界令薩布素等量發官兵船艘前來迎取戊辰

命給烏拉官兵行糧之半己卯

命將軍巴海留鎮烏拉副都統薩布素等領兵移駐額蘇里

九月

命烏拉等處官兵永駐愛琿二十三年正月

命將軍薩布素等遣官兵勦撫牛滿羅刹薩布素等奏牛滿
羅刹抵恆滾同來自北海之羅刹與費雅喀戰退居
河洲若不速計勦撫則赫眞斐雅喀奇勒爾人民必
被殘害且恐羅刹復增發前來宜乘四月冰解時即
遣夸藍大二員率官兵三百並發紅衣礮四具令附
近恆滾口費雅喀噶克當阿等嚮導抵羅刹所踞地
先行招撫不即歸降則進勦滅如羅刹聞風先遁所

發之兵即乘機安輯赫哲等處人民未經來附者亦
招撫之
上報可十月
命運烏拉等處糧米於愛琿二十四年六月官兵克雅克薩
城
諭曰治國之道期於久安長治不可圖便一時當承平無事
朕每殫心籌度即今征勦羅刹之役似非甚要而所關甚
鉅羅刹侵擾我黑龍江松花江一帶三十餘年其所竊據
距我發祥之地甚近不速加翦除邊徼之民不獲甯息朕
自十三歲親政即留意於此細訪其土地形勝道路遠近

及人物性情以故酌定天時地利運餉進兵機宜不徇眾
見決意命將出師深入撻伐然兵貴相機而動變化無窮
惟恐諸將不遵朕指致失機宜今收復雅克薩地方得遂
初心朕甚嘉焉又
諭曰朕思凡事必周詳審度方收實效不可苟且從事向者
倘書明安達禮輕進至糧餉不繼將軍沙爾虎達巴海等
失計半途而歸遂致羅刹驕恣而我奇勒爾俄倫春等亦
懷疑貳朕諭其失機原委一一籌畫乃使奏功兵法云多
算勝少算不勝詎可忽視七月
命自烏拉吉林至愛琿設立驛站乃王旅既還抄略未已用

興師復圍其城彼乃遣使講好請定疆域二十八年
上命内大臣索額圖等往主其議索額圖奏言鄂羅斯所據
原非羅刹所有亦非兩界隙地也况由黑龍江而下
可至松花江由松花江而下可至嫩江南行可通庫
爾瀚江及烏拉甯古塔錫伯科爾沁諸處若向黑龍
江口可達於海又恆滚牛滿等江及淨溪里江俱合
流於黑龍江環江左右均係我屬俄倫春奇勒爾等
民人及赫眞費雅喀所居之地不盡取之邊民終不
獲安臣以爲黑龍江上下及通此江之一溪一河皆
屬我地不可棄之於鄂羅斯如一一遵行即與之畫

疆分界貿易往來否則臣當即還不與彼議和矣

上允之索額圖至尼布楚之地宣布

德意鄂羅斯國使臣皆悅服相與畫疆定界使我邊人與其國人分境捕獵期永永輯睦無相侵軼其界接吉林者沿外興安嶺至海山之南爲中國地山之北爲鄂羅斯地惟烏底河以南至索倫河爲甌脫地是年約曰烏底河以南興安嶺以北中間所有地方河道暫行存放雍正五年定例烏特河等處地方暫置爲兩邊公中地方均不得侵占居住索倫河出興安嶺北麓東注海是爲三姓副都統所轄之地約既定乃刊諸貞石以昭大信垂諸久遠於是邊鄙之民皆獲安堵二百餘年永無侵暴之患焉參平定羅刹方略及朔方備

乘

謹按此我

朝與鄂羅斯定界之始亦吉林與鄂羅斯分界之始也

其時吉林與黑龍江猶未分省故

遣將出師皆自甯古塔發之又羅刹所侵尼滿恆滚河及赫

眞費雅喀奇勒爾俄倫春之地皆屬吉林而北界

之興安嶺索倫河亦皆昔時吉林疆域所及會典

圖所謂三姓所屬海以内地也

方略所載其事多在黑龍江今略綜始末摭其有關吉林者

著於篇

咸豐四年

命吉林將軍景淳查分俄羅斯界址先是俄羅斯於我東海那穆都魯地方與英吉利搆兵乘船帶兵駛入闊呑屯博勒必屯奇吉屯及費雅喀人等所居地伐木通道建築礮臺製造甎瓦軍器沿江設兵防守廟兒地方舊有分界石碑分刻滿漢文字悉被鑿毀滅迹是年五月景淳奏據黑龍江將軍咨稱俄羅斯人等乘坐多船口稱前赴東海因本處東面各島被英吉利佔據奉國王命取道素和之

大清國黑龍松花二江前往懇求放行臣查俄羅斯人

船衆多奚如其來情勢可疑三姓地當扼要應爲豫
備現派佐領德昌馳赴三姓幫同該副都統察覈籌
辦奏入
諭此次俄羅斯乘船擁衆由黑龍江東駛所稱英夷爭島未
可盡信該將軍當密爲防範八月又奏臣奉
命查辦分界事宜遣協領富尼揚阿往查行抵博勒必屯爲
俄人所阻勢難輕進伏思該夷佔據闊屯等處雖與
費雅喀人等有礙究因往征他國在彼設備未便責
問肇釁分界一事關繫中外之辨應請
敕下理藩院行知俄羅斯國王出派使臣至庫倫等候並請

敕令庫倫辦事大臣及黑龍江將軍屆時各派委員會同吉
林委員富尼揚阿前往東海務將立碑分界處所查
明方可定斷至富尼揚阿送到圖式相應照繪恭呈
惟係就現歷地方繪具聚與三姓副都統前送舊存
圖式互異合併聲明奏入
硃批另有旨五年六月己未
諭景淳奏會勘交界請俟明春再辦一摺此次會勘俄羅斯
交界往返更改爲時已久今該夷使既在松花江口等候
且吉林黑龍江委員均已自格爾必齊河折回其庫倫委
員據稱七月中旬以後亦可趕到是八月初三日以前各

委員必可在黑龍江口會齊若再行改期誠恐該夷有所藉口轉不能依期前來此時原不必竟到東海勘立界牌儘可先飭該委員等在黑龍江口會晤將應議事宜詳細籌商一面由黑龍江將軍知照俄羅斯在松花江等候即可飭令該委員等迅速前往會晤以便定議妥定界牌所有該將軍請俟明春再辦及先由理藩院豫咨該國之處著毋庸議十月丙午

諭景淳奏分界委員在闊吞屯地方會見俄羅斯人木里斐岳幅取出伊國圖式指稱原定界址自格爾畢齊河長起至興安嶺陽面各河長止俱俄羅斯地界欲將黑龍江松

花江左岸以及海口分給該國守護等語黑龍松花兩江皆係中國地界何得請給該國至該使所稱自格爾畢齊河長起至興安嶺陽面各河長止俱係該國地界有無確據上年景淳奏欲令該委員等前往東海將立碑分界處所查明此時三省委員會同前往如果查明立碑處所即可杜其狡賴至黑龍江松花江左岸其爲中國地界確然無疑著景淳作爲已意告以中國法制森嚴守邊大臣於邊界事宜違例奏請卽應革職治罪斷不敢據爾國無稽之言冒昧入奏自干罪戾其闊吞屯所蓋房屋旣以防英爲名止可暫行借住至費雅哈人等居住年久斷難令其

移居景淯俟會勘委員如何回覆即一面剴切曉諭該國
一面將辦理情形馳奏十一月庚申朔
諭前據景淯奏據勘分界委員稟報俄夷在闊吞屯地方住
船蓋房以防備英吉利佛蘭西爲名並欲自格爾畢齊河
起至興安嶺陽面各河止指爲伊國分界又欲將黑龍江
松花江左岸以及海口分給該國守護等語本日據奕榕
等奏即係景淯所奏之事而聲叙較明如所稱興安嶺山
陽流水之源皆係中國屬地山陰流水之處始是該國地
面可見興安嶺陽面本非該國分界即據該夷聲稱亦知
景奇里西里木的牛滿各河等處爲大國地界惟因陸路

往來不便故欲分給伊國情形顯然可見仍著遵照前旨
奕榕景湻德勒克多爾濟三人會銜公具文移知照該國
告以此次勘定分界止可將先前未設界牌之地商酌勘
定若將已定界地混行分撥我等因此身獲重罪於爾國
亦屬無益所備公文即由庫倫交俄羅斯固畢爾納托爾
轉交薩納特衙門可也七年七月已丑奕山景湻等奏俄
羅斯國人自至黑龍江岸船隻紛紛往還人數多至
千餘且欲令江左屯戶移居江右其爲圖佔地方已
可概見奏入
諭理藩院行知俄國薩納特衙門查辦癸巳

寄諭景淯等中國與俄羅斯地界自康熙年間議定以格爾畢齊河興安嶺爲兩國界成約具在原無可議咸豐三年該國欲會查界碑五年秋間吉林黑龍江庫倫五處委員與該國木哩斐岳幅會查因該國不遵舊制未能辦結據奕榕等奏稱惟烏特河一處從前爲公中之地未曾分界此時俄夷使臣普提雅廷來津投文仍以分界爲詞已令理藩院行文咨覆特派大臣會同將烏特河一處勘辦分定界址該國接到咨文自必馳赴黑龍江邊界著派奕山親往會晤告以從前委員會議因該國派員議論未能公允是以日久未定今伊旣係該國大臣正可秉公查辦以

清界限如別有要求並著正言拒絕八月辛亥

諭前因俄使普提雅廷咨稱會商未定界址當諭令奕山親往會晤秉公查辦昨據該使稱查勘地界一事須折回本國請示該國主等語自係實情此次普提雅廷路過黑龍江諒必至海蘭泡等處奕山如與接見當告以中國既有咨文至薩納特衙門將來未定界址自必由該使臣與奕山秉公查勘所有海蘭泡闊吞屯精奇哩等處均有該國屬下人蓋房占住見在界址未定自應先行撤回以守舊章而敦和好即或一時未能全撤亦須飭令安靜居住勿與中國民人互生嫌隙該使臣係該國大臣諒能約束屬

下静候查勘儻或該使臣不到黑龍江與奕山晤面奕山
亦可曉諭海蘭泡等處人告以該國有大臣普提雅廷即
日前來與該將軍查勘界址兩國永敦和好爾等若不候
定界擅自蓋房居住實屬非禮中國必咨行該國懲辦如
此剴切曉諭仍暗加防範先事豫謀以消後患八年二月

癸丑

諭前因俄羅斯欲請勘定分界特派奕山與該國使臣普提
雅廷會議嗣因久無折回確信未經勘辦上年冬間英佛
稱兵占踞廣東省城復欲赴上海議事而普提雅廷忽於
米夷照會内附呈咨照軍機處清漢文及夷字各書其中

所稱分界地址與安嶺並非直達東海不能分作兩國邊
界應以黑龍江左岸爲俄羅斯邊界中國滿漢人等悉移
右岸又欲將烏蘇哩河下游右岸入海河汊分作海岸卽
以海岸分斷等語中國與該國分界以格爾畢齊河與安
嶺爲限定議百數十年從無更改今所稱興安嶺不通東
海難以爲界是並非不知當時所定界址特欲另闢一直
達東海之路以便其人船來往斷難遷就允准况黑龍江
左岸均爲中國打牲人等舊居如果早爲該國所屬豈能
百餘年來並無爭競直至今日始生異議據稱移居費用
由該國供給其爲情理不足而以利引誘顯然可見豈有

數千里江岸可以貨取之理見在普提雅廷如折回黑龍江即著奕山據理辯論務當恪守舊約三月甲午

諭俄夷分界一節自咸豐四年起吉林等處各派委員前往守候而該國屢次遷延約期不至迨該國派出木哩斐岳幅在黑龍江往來行駛又不肯秉公查勘是以日久尚無定議並非中國不爲勘定見在普提雅廷既不回黑龍江而木哩斐岳幅又有啟程前來之信昨已諭知奕山一俟到來即與會勘可見中國於此事亦甚願早爲了結如果該國一秉公道自能妥爲查勘今普提雅廷既不經管此事其所遞文內分定地界之處亦止能諭知奕山與木哩

斐岳幅查看此時不能懸擬夏四月丙午朔
諭昨據譚廷襄奏俄夷不遵興安嶺分界舊約欲另以烏蘇哩河綏芬河爲界等語當經諭知譚廷襄告以興安嶺分界載在會典其烏蘇哩河綏芬河此間無從知其界址難以懸斷黑龍江見有欽派大臣仍應到彼查勘該夷既稱已行文伊國辦理其所稱木拉幅葉幅自既係木哩斐岳幅本日已諭知奕山如其眞心查辦卽與秉公會勘儻肆意侵占亦止能隨時防範普提雅廷之意既以分界爲重務當諭以此事斷不能在津議定實緣道遠無可懸揣至未分界址之地止有烏特河一處上年文内亦經允其查

辦其見在所稱各河必在黑龍江方能查知如果所言有理奕山亦必不强駁若不論情理則天朝疆土豈容尺寸與人乎五日奕山至黑龍江城十日木哩斐岳幅赴議十五日議定界約大概隨奏陳辦理情形曰俄使木哩斐岳幅至黑龍江城與臣會晤隨帶通事以清語傳說前因防範英夷由黑龍江往來行駛於左岸蓋房存居今年續有數百人船前來屯兵駐防英夷於我兩國均有裨益黑龍江一帶均係俄國地方現在江左存居滿洲屯戶均應遷移江右彼此互免猜嫌如有需費俄國供給至兩國界址自河比奈嶺迤東至

額爾古訥河入黑龍江烏蘇里江松花江至海凡沿
河各岸一半可屬中國一半可屬俄國江内只准我
兩國人行船他國船不准往來我兩人均係將軍之
職各奉主命會辦分界之事即可定准對換印文兩
國安静各守各界等語臣答以中國與俄國分界以
格爾必齊河與安嶺爲限遵行二百餘年並無更改
今若爾等所議斷難遷就允准該使乃指畫其自帶
輿圖爭執不休至暮未定約以明日寫字前來而去
次日該使帶清字俄文到城面遞詳加譯看更屬荒
謬臣比即面還不收而去旋派員送回復令通事到

城面遞並稱兩國和好今將黑龍江左岸北自精奇
里河南至霍勒莫爾津屯其中原居滿洲屯戶仍令
照舊永遠安居其餘空曠地方均與俄國爲界以便
屯兵防範英夷其額爾古訥河黑龍江烏蘇里江松
花江至海凡沿岸一半屬中國一半屬俄國爲界江
中只准我兩國人船行走不准他國往來等語臣伏
思疊奉
諭旨均以不啟邊釁爲要而俄人頻歲由江往來起屋屯兵
多備糧械又聲言夏間加派兵將續來以防英夷意
殊叵測現在內省賊氛未靖軍餉支絀吉林黑龍江

兩省兵丁出征未回礙難輕啟兵端再四思維與其
張皇於事後莫若慎籌於事前查所議請黑龍江左
岸舊民屯居之外空曠地方給與存居及江中准其
行船均與我屯丁耕作生計無妨暫遂其欲庶可免
生枝節惟該使文內以河爲界字樣應宜删改而烏
蘇里江松花江等處皆屬吉林地界應由吉林將軍
覈辦比即備文前赴該使相商回報明日入城續議
次日該使仍帶清字俄文到城面遞以河爲界四字
載明未改臣比即正言駁議該使大怒收文而去通
事留言明日備文再商是夜左岸礮聲不絶陸屯水

船號火極明屯戶男女環赴黑龍江城副都統衙門
泣求保護臣一面派員密撫屯戶毋稍驚擾致生事
端一面派員前赴該使權以問好爲詞藉偵虛實該
使當令通事傳說我與將軍會晤數次所議界址條
款多不允准專以奏明酌定藉詞推脫現今俄人在
吉林闊吞奇集等處屯居有年將軍豈不知之彼處
有俄兵保護英人不敢來擾且兩國議界前已咨行
理藩院並未駁回左岸滿洲屯戶我能主掌不令遷
徙將軍既奉命分界豈難立予定奪今既前來問好
尙有和睦之意明日我令通事寫字前往將軍若照

字辨理即對換畫押文字彼此爲憑如其不然我先將左岸滿洲屯戶遣兵驅逐不准屯居等語次日通事帶清字俄文到城臣詳閱一過已將江左屯戶居處讓出開寫此外本係空曠地面現無人居較前甚爲簡明若不從權酌辦徑執舊例分界爲言兵釁立起實不知如何結局於東三省邊疆大有關礙不揣冒昧照給畫押文字以紓眉急五月戊寅

諭前因俄夷於地界一節諭知奕山與木里斐岳幅會勘時查照從前界牌與之爭辯不可遷就了事茲據該將軍奏會晤夷酋酌議地界所請黑龍江左岸舊居屯戶之外所

餘空曠地方給與存居並江中准其行走等情奕山因與
屯戶生計尙無妨礙業已悉行允許自係從權辦理惟該
處既給與俄夷又恐民夷雜處致滋事端奕山當妥爲彈
壓毋稍大意其松花江烏蘇里綏芬等河界屬吉林距興
安嶺遠近奕山不能懸揣即著景湻迅速查明如亦係空
曠地方自可與黑龍江一律辦理儻該處本有居人一旦
爲夷占踞與我國屯丁耕作均有妨礙景湻當咨明奕山
據理剖辯不可一概允許又滋後患旋定界約一則一黑
龍江松花江左岸由額爾古訥河至松花江海口作爲
俄羅斯國所屬之地右岸順江流至烏蘇里江作爲

大清國所屬之地由烏蘇里江往彼至海所有之地如
同接連兩國交界明定之間地方作爲兩國共管之
地由黑龍江松花江烏蘇里河此後只准中國俄國
行船各別外國船隻不准由此江河行走秋七月甲
戌朔奕山等奏黑龍江左岸舊居屯戶外空曠地方
許俄人存住並江中准其行走已非興安嶺舊界乃
該國闖越黑河口欲由松花江西上夷字內又寫烏
蘇里河至海爲中國與該國同管之地肆意侵占漫
無限制並在烏蘇里右岸圖勒密山向西安設礮臺
並欲在河內上下左右岸至牤牛河一帶蓋房修道

見派副都統富隆額圖欽帶同佐領三隆親赴綏芬

烏蘇里等處履勘奏入

上諭奕山景淳飭該副都統等細心體察除黑龍江左岸業

經奕山允許其吉林地方景淳尚待查勘本不在奕山允

許之列當以何處爲界卽著該將軍等據理曉諭嚴行拒

絶十二月庚申

諭奕山等奏遵查綏芬烏蘇里地界情形一摺據稱綏芬至

三姓交界寬廣千餘里並無與俄接壤之處烏蘇里河自

北而南相距一千四百餘里距興安嶺甚遠亦無接壤處

所是該二處不特原定分界甚遥且近接三姓甯古塔等

處實已深入內地據該將軍等查明未便允許自應正言拒絶該夷要求黑龍江左岸居住奕山遽爾允准已屬權宜此次著該將軍等妥爲開導諭以各處准添海口皆係大皇帝格外天恩原因兩國和好多年是以所請各事但有可以從權者無不曲爲允准此後自應益加和好方爲正辦若肆意侵占擾我蔘珠貂鼠地方是有意違背和議

中國斷難再讓況在三姓地方攪擾街房觸怒軍民若日久占居必致積怨成仇羣起爲難雖天朝法令森嚴亦不能以非理之事强制百姓彼時有傷交誼大非彼國之利如該使聽受開導不復以綏芬烏蘇里爲請即可與議准

界址切實訂定除所議之外永不准肆行竄越如其堅執
不遵卽著詳細具奏當由理藩院行文該國薩納特衙門
與之理論奕山等亦可行知木哩斐岳幅據理執辯曉以
利害乙丑
諭綏芬烏蘇里兩處旣與俄界毫不毗連且係採捕蔆珠之
地當時卽應據理拒絕何以副都統吉拉明阿輒許木哩
斐岳幅於冰泮時馳往查明再立界牌至所稱原立字約
十四條內尚有三事未妥均未據奕山奏明其木哩斐岳
幅來文內有二年後差學生到俄國學藝之語更不知從
何而來奕山前次遽將黑龍江左岸允許辦理輕率且以

烏蘇里河亦可比照海口等處辦理景淯因綏芬烏蘇里
均係內地關繫綦重設法拒絕自是正辦著仍遵前旨據
理剖辯毋得遷就了事致貽後患所立字約十四條及吉
拉明阿輒許該夷赴烏蘇里口會勘地界有無含混應許
之處著該將軍等查明具奏九年二月癸丑
諭據景淯覆奏吉拉明阿令俄夷俟冰泮後再行會勘係一
時推緩之言與本日奕山奏報大致相同惟綏芬河烏蘇
里河既不與俄夷接壤當時即應拒絕何以含胡推緩致
令藉口至所稱廟兒地方舊有分界石碑據景淯原奏稱
係通事傳聞之語況該處尚在綏芬烏蘇里迤東與俄夷

見占之闊吞奇咭相距甚遠亦豈能任意牽涉指爲接壤之據其字約十四條雖稱商議未定亦當先行入奏豈有俟夷酋覆定再行進呈之理設或其中有不能俯允之處豈非又費脣舌且所許二年後差學生到俄夷屯中學藝將來不能如約亦徒費周章吉拉明阿辦理夷務任意顢頇著先行撤任並著奕山據實參奏其字約十四條何款議定何款尚須更換仍著奕山查明具奏夷酋石沙木勒幅如已到黑龍江城該將軍務將綏芬河烏蘇里河不與該國接壤之處詳細開導據理剖辯毋得再有含混自干咎戾三月甲戌

諭俄夷石沙木勒幅等聲稱係木哩斐岳幅遣赴興開湖勘
辦烏蘇里綏芬等處地界經副都統吉拉明阿據理拒阻
乃該夷等徑履冰下往將軍景淳等見飭三姓署副都統
富尼揚阿揀員馳往曉諭第該夷狡執異常必須極力阻
止見已由理藩院行文該國薩納特衙門理論矣上年奕
山允許該夷居住黑龍江左岸辦理已屬太易復輕許赴
綏芬烏蘇里會勘地界致夷酋藉詞狡賴若不嚴行拒絕
吉林一帶地方又爲該夷占踞無厭之求尙復何所底止
至所稱丕業羅幅斯奇在京亦爲勘界不知該酋此來係
爲互換和約並未言及綏芬等處地界該夷之言斷不可

信奕山等當告以中國准俄國於海口通商並將黑龍江左岸空闊地方許俄國居住無非欲兩國永敦和好至綏芬烏蘇里等處原不與俄國連界若肆意侵占必致有傷友誼剴切曉諭使該夷不至任意要求夏四月辛酉

諭前因烏蘇里江等處距興安嶺遙遠不與俄國連界諭知奕山飭令吉拉明阿如遇夷船下駛設法阻止本日據奕山等奏俄船於黑龍江往來已成習慣若遽行拒絕恐其有所藉口等語黑龍江左岸地方既經奕山借與居住其船隻往來於黑龍江松花江中自難再行拒絕至綏芬河烏蘇里江兩處係吉林地方不在借給之內若聽其紛紛

駛往勢將何所底止奕山等並不體會前次諭旨遽以難於拒絕等詞覆奏殊涉蒙混着奕山仍遵前諭嚴飭吉拉明阿曉諭除由黑龍江入松花江往東入海口外餘如綏芬河烏蘇里江及三姓等處夷船均不得擅自駛往務須實力勸阻毋得意存推諉並着特普欽派委妥員於黑龍江交界地方嚴密偵探設有夷船駛至即行正言拒絕以該處地方本不在前次許借之內亦無與俄國毗連地界無可查看阻其下駛乙丑奕山等奏綏芬河烏蘇里江皆

係吉林地方不在借給之列乃俄人潛在烏蘇里口以下南岸舊居博力地方添建房間並於古達克蘇

等處建房牧放牛馬任意侵占俄官奇薩羅幅復帶
同通事到卡聲稱會勘烏蘇里河源與開湖分界有
自行去占之語

上諭軍機大臣等該夷占地建房並欲會勘地界總由奕山
輕允黑龍江左岸地方以致肆意占踞該將軍既已貽誤
於前並不思力圖挽救乃輒奏稱事屬吉林應由吉林主
稿免致往返貽誤顯係有心推諉惟奕山既輕諾於前此
時礙難阻止宜其一籌莫展著特普欽督同署三姓副都
統富呢揚阿曉諭木里斐岳幅黑龍江左岸空曠地方許
其借住已屬中國優待之意吉林界內係中國採捕濩珠

之地斷不容爾侵占若背約妄行必致有傷和好興開湖等處本不與俄國連界無可會勘豈得以曾在黑龍江具文爲詞意圖狡賴該署將軍等務當正言拒絕不可含胡了事嗣後奏事關涉吉林著即由吉林主稾一面會銜一面具奏免致往返札商徒稽時日五月己卯特普欽奏俄目不聽理諭動以木里斐岳幅爲詞而木里斐岳幅則以前約內有烏蘇里河至海爲中國俄國同管之地一語請飭吉拉明阿與之申明前約分較明晰俾免藉口

上諭軍機大臣等烏蘇里等處與俄國並不毗連何以奕山

等所議條約有與俄國同管之語況該夷見欲開山修道則其本不通海亦可概見奕山等許其會勘尤爲輕率著奕山傳知吉拉明阿向木里斐岳幅言明從前初議之時未深悉吉林地界見在查明烏蘇里綏芬河等並非俄國接壤又與海道不通自應將此語更正不但圖勒密博力抓吉及三姓等陸路不可任意侵占即綏芬烏蘇里河路亦當與之約定不准入船駛往總宜將木里斐岳幅折服則其餘夷目無所藉口後來入船方能斂戢若謂地在吉林意圖推諉奕山吉拉明阿恐不能當此重咎也特普欽既經飭知富尼揚阿於三姓地方就近拒絕其黑河口牝

牛河等處並著轉飭各該副都統一體防範務期會商力
阻亦不可因貽誤由於奕山等遂謂難於籌辦也乙酉
諭特普欽等奏俄國人船欲赴三姓等處貿易並木里斐岳
幅隨帶兵船堅欲往烏蘇綏芬勘界一摺此事貽誤根由
總由奕山吉拉明阿於兩國公同管理一語不能立時剖
辨致令有所藉口本日明降諭旨將奕山革職暫留本任
並令特普欽將吉拉明阿挐赴烏蘇里地方枷號示衆矣
特普欽接到明發諭旨卽可宣示夷酋告以烏蘇里等處
本非俄國接壤又與海路不通奕山吉拉明阿已爲此事
身獲重咎若再肆意要求我等萬難應允前此奕山等將

黑龍江左岸借給俄國人等居住大皇帝既已加恩自不
至有更改其未經議定之地任意闖越即是背約豈有吉
林地界轉以黑龍江官員言語爲憑之理至阿勒楚克吉
林三姓等處奕山條約內本無與通貿易之説尤當與之
剖辨諒特普欽等必能悉心體會也辛卯特普欽等奏四
月二十二等日俄國圖勒密夷目奇薩羅幅等分駕
船隻抗行入口上行攔阻不理並堅稱該國業經商
妥差人進松花江貿易復有上駛船隻聲稱赴興開
湖往勘河源分界當向開導堅執不聽奏入
上命特普欽等據理剖辨嚴密防範六月壬寅特普欽等奏

俄酋木里斐岳幅五月初一日經過黑龍江時稱欲
赴烏蘇里綏芬等候會勘地界初四日過黑河口則
稱欲往上海初七日過烏蘇里口則稱欲赴奇咭不
日旋回撤卜勒幅等前來三姓未郎折回初九等日
復有大小船八十隻艨艟十七隻夷官及男婦人等
數百名攜帶烏槍等多件由黑龍江下駛蓄意蔓延
請飭景淳前往辦理奏入
上命景淳星馳前進熟籌辦理丁巳
諭特普欽等奏俄夷由水陸分赴琿春並强赴興開湖查看
地界及在烏蘇里江建房墾地情形各一摺烏蘇里河等

處地方並無與俄人交界之處已疊經諭令該將軍等設法攔阻該夷人船下駛必須先過黑龍江地面奕山於木酋前來爭論時既未能據理拒絕而於人船下駛時亦未聞攔阻實屬咎無可辭特普欽等雖疊次奏報派員攔阻亦復毫無實際豈得以奏明在前遂可塞責耶景淳此時定已行抵吉林著會同奕山等將人船下駛應如何妥爲開導拒阻其業經建房墾地之人如何驅逐籌畫辦法奏明爲要戊辰

諭奕山奏夷情狡詐據理辨明定界實無把握並特普欽等奏前到琿春夷船現已開行各等語俄夷於黑龍江至琿

春等處肆意游行欲圖占踞總由奕山於會晤該酋時不能據理剖晰含糊定議所致此時若將前約更改該夷必不肯從然豈能任意蔓延無所底止此事從前係奕山一人辦理今旣侵至吉林地界自應由吉林黑龍江兩將軍會同查辦另立條約以息爭端除黑龍江左岸空曠處所及闊吞屯奇咭久已蓋有房屋係奕山許以借給居住無庸議外此外均非該夷應到之處著奕山景湻會同定議明白曉諭以免該夷到處侵占所有烏蘇里江綏芬河等處係屬吉林地方並非與俄夷接壤斷不容該夷人船游駛三姓地方並非馬頭亦斷不准該夷到彼貿易實力開

導其前借與之黑龍江左岸空曠處所及闊吞屯等處原屬借與棲身之地不得再來人口亦不得再行添蓋房屋至該夷船隻由黑河口入松花江往東入海前曾許其行走自可毋庸阻止如此明白限制另立一條或可挽回奕山等於會商後即將如何辦理之處詳細馳奏再與該夷定議八月已亥

諭本日據奕山等奏遵旨會商分路派員守候夷酋並挑備兵丁各一摺業經明降諭旨將奕山革去御前大臣令其來京當差特普欽暫署黑龍江將軍前往辦理矣俄夷人船分赴烏蘇里口及琿春等處皆稱奉木里斐岳幅之命

而木酉至今尚未駛抵北唐據探復有欲由海路赴上海之說傳聞互異景湻等接奉前旨已派富尼揚阿在黑河口守候專司查辦並派協領祿昌等馳往烏蘇里口宣示開導甯古塔琿春等處派令佐領富新等巡察所籌均尚妥協黑龍江係該夷必經之路特普欽接奉此旨即著前往該處責成派出之署副都統愛伸泰勤加偵探一面會商景湻妥籌辦理總須明白曉諭使其勿致肆意游行不可含胡了事再蹈奕山覆轍至所稱吉林見在挑備餘丁一千五百名勤加操演但須不動聲色嚴密防範不可稍涉張皇冬十月庚戌景湻祿權奏署副都統富尼揚阿會

晤木里斐岳幅詳細開導烏蘇里綏芬不與俄國連界無所用其查勘令其收回人船該酋愈加奮怒聲言到璦琿另有剖辯並催該副都統下船即溯流上駛奏入

命特普欽等實力開導相機措置辛酉特普欽奏木酋復到黑龍江城即令署副都統愛伸泰阻截木酋木酋不答驅車而去復飭愛伸泰至海蘭泡與之會晤並詳加開導該酋雖未聽信而綏芬烏蘇里等地方中國不肯借給居住之意已明白宣示奏入

命特普欽等豫籌布置迅速奏明辦理十年九月乙巳

諭軍機大臣等本日據恭親王奕訢等片奏俄夷照會請派大員商酌等語該夷要求本在意中所稱未了之事即令瑞常等告以綏芬烏蘇里等處均照奇吉闊屯之例借與居住冬十月丙寅恭親王奕訢等奏俄約已换惟地圖一分係綏芬烏蘇里河分界之據因前定條約曾添入空曠之地遇有中國人住並漁獵之處俄人均不得占之語一經畫押漫無限制告以明春須派員互勘未即畫押十一月戊申

上諭恭親王奕訢奏請派查勘邊界大員一摺著派倉場侍郎成琦於明年正月間馳驛前往吉林會同將軍景淳辦

理俄國分界事宜欽此十二月景淳奏查俄國續約第三
條內載東西兩邊設立界牌之事由兩國派出信任
大員秉公查勘東界在烏蘇里河口會齊於咸豐十
一年三月內辦理
欽派大員攜帶俄國進呈地圖並中華地圖互相查勘其烏
蘇里河綏芬等處邊界內有中國人住處及漁獵之
地俄國不得占據應俟
欽派大臣成琦到後會同俄國大員查照中俄地圖按照條
約悉心履勘立定界牌以期經久可行烏蘇里綏芬
山場向無居民冬令雪大烏蘇里江口迤西約在立

夏後開化船堪駕駛烏蘇里江上游溜緊小河甚多
大船實不能行小船亦屬難施查歷年入山人夫率
皆春去秋還自烏蘇里江口用赫哲小船上行每船
容一二人乘坐駛抵青牛河棄船隻身負米入山嘗
有途間倒斃之虞查詢赫哲背負魚乾飲水充饑隨
地捕牲餬口惟俄人初進山場不避艱險效法赫哲
捨生露宿裸體留行者有之而其中水溺餓殍亦復
不少近因江東建房囤糧佔踞多人凡由烏蘇里江
口逆游上往若火輪船駕駛便捷足可抵至興凱湖
如小船緩緩而上由江東節節接濟口糧幫補撞船

並未聞有准能抵至興凱湖者此次若至烏蘇里江口會齊必須開江後方能行船約在四月下旬可到如由江口上往興凱湖計程一千四百餘里中國既無火輪船駕駛江西又無陸地可通則鍋帳等項無法馱運臣詳閱俄國第一條內載此後兩國東界定爲由什勒喀額爾古納兩河會處卽順黑龍江下流至該江烏蘇里河會處其北邊地屬俄羅斯國其南邊地至烏蘇里河口所有地方屬中國自烏蘇里河口而南上至興凱湖兩國以烏蘇里及松阿察二河作爲交界其二河東之地屬俄羅斯國二河西屬中

國自松阿察河之源兩國交界踰興凱湖直至白棱河口順山嶺至湖布圖河口再由瑚布圖河口順琿春河及海中間之嶺至圖們江口其東皆屬俄羅斯國其西皆屬中國兩國交界與圖們江之會處及該江口相距不過二十里上所言者乃空曠之地遇有中國人住之處及中國人所占漁獵之地俄國均不得占仍准中國人照常漁獵等因查黑龍江下流直至烏蘇里河口所有南邊地方皆屬中國自該河口而南上至興凱湖以烏蘇里松阿察二河爲界西屬中國地隸三姓界限分明一切事宜易於勘辦惟第

三條内載東邊自興凱湖至圖們江設立界牌之事應如何定立交界兩國大員在烏蘇里口會齊於咸豐十一年三月内辦理等語臣詳覈分界之要地全在興凱湖至圖們江其間山嶺果能秉公勘定設立界牌互守條約庶可永久相安若烏蘇里江口僅止會齊無多勘議江道既阻勢難拘執且分界一切事屬刱始必須該管熟悉地方情形之員會同履勘日後方不致節外生枝伏查興凱湖至圖們江約有千餘里地屬甯古塔琿春其間山嶺崎嶇跋涉維艱必須開化後方能勘辦均應豫先陳明俟

欽差大臣成琦抵至吉林會同臣查照地圖考覈白稜河源
或委該地方大員分赴會齊或臣等親詣興凱湖一
帶守候俄國大員勘辦奏入壬午
諭景淳奏明年三月東界查勘在烏蘇里會齊必須開江後
方能行船約在四月下旬可到此節必須先期照會該國
以免藉口興凱湖至圖們江爲分界要地尤應秉公勘定
設立界牌以期永久相安著恭親王奕訢桂良文祥將景
淳所奏情形悉心籌畫並著成琦於明春前赴吉林與景
淳會商總期及早設法親至興凱湖圖們江一帶與俄國
使臣查明交界地方方爲妥善十一年正月甲午

諭本日據景淳等奏密陳俄國分界各情並繪圖貼說呈覽

新定俄國條約内載明遇有中國人住之處及漁獵之地

俄國均不得侵占著奕訢等即酌擬照會二件一照會俄

國總理各國事務大臣告以見派大臣查勘地界俄國之

人應俟勘明地界之後方可居住不得先行占踞致該處

屯戶驚疑一作爲成琦之意照會東海濱省固畢爾那托

爾亦屬其俟該侍郎與景淳勘明琿春地界方可俄人居

住總須遵照條約方爲妥善三月己丑朔

諭軍機大臣等前因景淳奏俄國分界道路險阻恐難如約

會齊當經降旨令該將軍將應辦事宜先期料理並飭成

琦趕到照會該夷約期會勘並據恭親王等奏於上年十
二月二十七日照會俄酋伊格那提業幅欽派大臣成琦
擬於四月下旬到彼會同查勘兹據景淳奏由興凱湖至
圖們江山路崎嶇擬於五月中旬在興凱湖守候俄國大
員勘辦並擬照會呈覽等語會勘俄國分界關係綦重前
據俄國淸字來文郭爾察闊幅咨稱烏蘇里分界事宜該
國已派阿迪米拉勒喀咱切斐齊於三月間至烏蘇里江
口大清國欽差大臣亦應於三月間至該處不得逾時等
語自係尚未接到恭親王等照會成琦已於二月二十五
日由京啟程著景淳仍遵前旨將應辦事宜及應需船糧

車馱各項先期料理齊備俟成琦一到即於四月下旬趕
至興凱湖與該國會勘地界不可落後至烏蘇里河口一
帶雖界限分明僅止立牌等事然亦不可辦理含混致貽
後患著即責成副都統富尼揚阿於四月初間前往妥爲
辦理不可遲至五月景淳俟成琦到後即定期會同前往
毋得以道路險阻爲詞致有延誤夏五月辛丑
欽差倉塲侍郎成琦吉林將軍景淳奏行抵興凱湖守候俄
使得
旨事事總宜堅守和約此次駁飭尚屬得體無論如何梗阻
汝等必應至該處以期兩國無爭以後不至别生枝節六

月辛酉

諭成琦景淳奏會辦俄國分界事宜一律完竣並將記文牌文鈔錄呈覽一摺成琦等與俄使定議後依照和約將應辦事宜逐件會商作記繪圖畫押鈐印彼此互換其立界牌處所由烏蘇里河口至圖們江口共該八處著卽將已分界址摘畫地圖鈔錄牌文分咨三姓甯古塔各該副都統轉飭琿春協領按照方向設立界牌俾永遠遵守該使本欲藉白棱河之訛爲侵占穆棱河地步逼近甯古塔爲通三姓琿春要路經成琦等力爭始强指奎屯必拉之分支小河爲土爾必拉卽白棱河所有俄字記文其中恐有

含混爲將來狡賴地步著成琦等將記文及界牌一併咨
送總理各國事務衙門存案備查九月十一日景綸奏竊
臣前奉
諭旨會同侍郎成琦馳抵興凱湖岸與俄國公使會勘分界
當於五月二十一日畫押鈐印互换圖約遂將白棱
河口河源界牌先行設立一面飭就牌文飭交佐領
吉勒圖勘等各攜圖約會同俄酋圖勒濱分赴松阿
察及横山會處瑚布圖河口河源圖們江口等處按
照圖内指定處所如式建立實貼牌文並令三姓副
都統富尼揚阿在烏蘇里江口候同俄酋將該處界

牌建設呈覆覈辦等因奏准在案嗣據佐領瑞林等
於六月初六日將松阿察界牌建立驍騎校永安於
七月二十二日至瑚布圖河口建立界牌又據琿春
協領台斐音阿於八月初一日在圖們江口二十里
許建立界牌並據三姓副都統富尼揚阿報稱六月
十二日候見俄酋吉成克指稱烏蘇里口近岸莫勒
密地方低窪立牌恐被衝沒商擬烏蘇里口迤上三
里許高阜處立牌該副都統恐距岸較遠仍於莫勒
密地方多立界牌一面以爲印證云

定界記文　咸豐十一年五月二十一日俄國全權

大臣中國大臣會齊在俄交土爾必拉即白棱河口地方兩國之大臣會同畫押用印在交界之圖上書寫俄羅斯字及滿洲字二分其二圖補入上年在京續定和約條內並四分圖與記文交界道里記文自烏蘇里河至圖們江口此四分圖內書寫俄羅斯字二分書寫漢字二分其圖四分亦補入上年在京續定和約條內此六分圖彼此相對兩國大臣全行知悉相符俄國大臣持書寫俄羅斯字及滿洲字地圖一分中國大臣持書寫俄羅斯字及滿洲字地圖一分彼此互換用印畫押又互換漢字俄羅斯字交界

地圖四分彼此換給之後兩國大臣將圖四分記文
二分交界道路記文二分俱行鈐印畫押將此記文
道路補入上年續定和約條內永遠遵行勿替
交界道路記文　中國與俄國詳細按著去年諾雅
布爾月初二日所定和約第一條第三條內之記文
和約之第一條內自烏蘇里河口而南上至興凱湖
兩國以烏蘇里松阿察二河原係舊有之河作爲交
界其二河東之地屬俄羅斯國二河西之地屬中國
自松阿察河源兩國交界踰興凱湖直至白棱河照
圖上所畫紅色所寫俄字字頭定爲交界即在烏蘇

里河口西立界牌一箇上寫俄國耶字頭並寫上界
牌漢文及松阿察河源西岸旱路上設立界牌一箇
牌上寫俄國亦字頭並寫上界牌漢文照依和約自
白稜河口順山嶺至瑚佈圖河口自白稜河源順小
漫岡水向東流入興凱湖者係俄國界水向西流入
穆楞河者係中國界至横山會處水向北分流入興
凱湖及毛河源水向南分流入綏芬河自横山會處
直至綏芬河與瑚佈圖河口應立界牌白稜河口北
立界牌一箇牌上寫俄國喀字頭並寫上界牌漢文
小漫岡上向西北立界牌一箇牌上寫俄國拉字頭

並寫上界牌漢文横山會處立界牌一箇牌上寫俄
國那字頭並寫上界牌漢文再由瑚佈圖河口順琿
春河及海中間之嶺至圖門江口其東皆屬俄羅斯
國其西皆屬中國兩國交界圖內紅色處與圖門江
會處及該江口相距不過二十里自瑚布圖河口往
上至瑚布圖河之源卽順山嶺照依和約在瑚布圖
河口西邊立界牌一箇牌上寫俄國倭字頭並寫上
界牌漢文對瑚布圖河源山頂上立界牌一箇牌上
寫俄國怕字頭並寫上界牌漢文圖門江左邊距海
不過二十里立界牌一箇牌上寫俄國土字頭並寫

上界牌漢文俱按照圖上紅色爲界因此兩國地界既經分清爲此特記

牌文　此次會同查勘分界原爲兩國和好今地界既經議定自應按照上年續定條約設立界牌以清界綫東界定爲由什勒額爾古訥兩河會處即順黑龍江下流至烏蘇里河會處其北邊地屬俄羅斯國其南邊地至烏蘇里河口所有地方屬中國自烏蘇里河口南至圖門江口其東皆屬俄羅斯國其西皆屬中國上所言乃空曠之地遇有中國人住之處及中國人所占漁獵之地俄國均不得占仍准中國人

照常漁獵從立界牌之後永無更改並無侵占附近
及他處之地所有東邊界內原住之中國人民其向
來謀生出入行走之路應聽其便俄國人不得攔阻
爲此特立界牌永遠遵守兩國人民咸各知之勿違
續俄約　議定詳明一千八百五十八年瑪乙月十
六日卽咸豐八年四月二十一日在愛琿城所立和
約之第一條遵照是年伊云月初一日卽五月初三
日在天津地方所立和約之第九條此後兩國東界
定爲由什勒額爾古訥兩河會處卽順黑龍江下流
至該江烏蘇里河會處其北邊地屬俄羅斯國其南

邊地至烏蘇里河口所有地方屬中國自烏蘇里河口而南上至興凱湖兩國以烏蘇里及松阿察二河作爲交界其二河東之地屬俄羅斯國二河西屬中國自松阿察河之源兩國交界踰興凱湖直至白棱河自白棱河口順山嶺至瑚布圖河口再由瑚布圖河口順琿春河及海中間之嶺至圖門江口其東皆屬俄羅斯國其西皆屬中國兩國交界與圖門江之會處及該江口相距不過二十里具遵天津和約第九條議定繪畫地圖內以紅色分爲交界之地上寫俄羅斯阿巴瓦噶達耶熱皆伊亦喀拉瑪那倭怕啦

薩土烏等字頭以便易於詳閱其地圖上必須兩國
大臣畫押鈐印爲據
上所言乃空曠之地遇有中國人住之處及中國人
所占漁獵之地俄國均不得占仍准中國人照常漁
獵從立界牌之後永無更改並不侵占附近及他處
之地
續俄約　嗣後交界遇有含混相疑之處以上兩條
所定之界作爲解證至東邊自興凱湖至圖門江中
間之地西邊自沙賓達巴哈至浩罕中間之地設立
界牌之事應如何定立交界由兩國派出信任大員

秉公查勘在烏蘇里河口會齊於咸豐十一年三月內辦理西界查勘在塔爾巴哈臺會齊商辦不必限定日期所派大員遵此約第一第二條將所指各交界作記繪圖各書寫俄羅斯字二分或滿洲字或漢字二分共四分所作圖記該大員等畫押用印後將俄羅斯字一分或滿或漢字一分共二分送俄羅斯收存將俄羅斯字一分或滿或漢字一分共二分送中國收存互換此記文地圖仍會同具文畫押用印當爲補續此約之條

光緒十二年

命太僕寺卿吳大澂馳赴琿春會同副都統依克唐阿勘

吉林邊界事宜

吳大澂吉林勘界記　光緒十二年奉

命會勘吉林邊界事宜四月十九日由琿春起程前赴俄

境巖杵河一統輿圖作顏楚河會商界務四月二十二二十六

日兩次會議將大略情形電達直隸總督李鴻章轉

電總理各國事務衙門五月十三日欽奉五月初五

日

諭旨所議展界豎牌補記繪圖各節均尚妥協即著照議

畫押欽此竊思琿春與俄國交界有界限不清之處因

咸豐十一年前戶部侍郎成琦會同俄員建立木界牌八處其末處土字界牌最關緊要不知何年毁失徧詢土人無從查究琿春所轄之境處處與俄接壤副都統依克唐阿到任後查閱邊界自琿春河至圖們江口五百餘里竟無界牌一箇黑頂子山瀕江一帶久被俄人侵佔大𢧐屢與俄員照會索還佔地並迭次面商據約辯論俄員等一味支吾延宕竟於黑頂子地方添設卡兵接通電綫有久假不歸之意旋經吉林將軍希元專派協領穆隆阿雙壽等約同俄員會勘僅至沙草峰爲俄人所阻未經勘畢而回此

次會同俄國所派勘界大臣巴啦諾伏等商議界務首重立土字牌交界之處次則歸還黑頂子要隘之地據俄員舒利經指出成琦所換地圖上界綫盡處卽咸豐十一年原立土字界牌之所江東有大泡子積水爲記江西與朝鮮偏險城相對舒利經卽係當時親自繪圖竪立界牌之人言之確鑿並呈出大小圖稿一牌有一牌之圖沙草峰所立土字界牌似非無據查咸豐十一年所換地圖內英尺一寸係俄國二十五里中國五十里圖上界綫末處與海口相距幾及一寸係俄里二十餘里以中國里數計之實係

四十五里惟咸豐十一年條約內云兩國交界與圖
門江之會處及該江口相距不過二十里咸豐十年
交界道路記文內亦云圖門江左邊距海不過二十
里立界牌一箇上寫俄國土字頭現查十一年所立
土字界牌之地並未照准條約記文二十里之說與
巴啦諾伏反覆辯論該員以爲海灘二十里俄人謂
之海河除去海河二十里方是江口大瀓等以爲江
口卽海口中國二十里卽俄國十里沙草峰原立土
字界牌既與條約記文不符此時卽應照約更正巴
啦諾伏仍以舊圖紅綫爲詞堅執不允此四月二十

二日與俄員議立界牌力爭未決之情形也此外尚有應辦事宜數端舊圖内拉字那字兩牌之間有瑪字界牌記文則缺而未立條約内怕字土字兩牌之間有啦薩二字界牌地圖記文略而不詳現應補立者一也舊立木牌年久易於朽壞鄉民有燒荒之例野火所焚延及牌木難免燬損改用石牌較爲堅固亟應換立者二也兩國交界地段太長牌博中間相去甚遠路徑紛歧山林叢雜本未立牌之地難免越界之人自宜酌擇要地多立封堆挖溝爲記愈密愈詳此應辦者三也俄人所佔黑頂子即盛京地方志夏渣山

設有俄卡現應補立土字界牌該處在紅綫界内依克唐阿當即派員前往接收添設卡倫以清界址此應辦者四也舒利經現畫分圖以英尺一寸爲俄國一里計中國里二里較舊圖尤爲細密此應辦者五也以上各條均於四月二十六日復議界務時與巴啦諾伏詳細妥商各無異議惟補立土字界牌一節再三辯駁始允於沙草峰南越嶺而下至平岡盡處豎立土字牌以江道計之照舊圖展拓十八里徑直里數不過十四里派員前往測量該處距圖門江出海之口順水而下爲中國里三十里計俄國里十五

里陸路直量爲中國二十七里俄國十三里半自奉
諭旨允准後卽於五月十九日約同巴啦諾伏及舒利經
克拉多馬秋甯等前赴圖門江議立界牌之地親自
勘明於二十日將土字石牌公同監立並用灰土石
片深埋堅築以期經久所擬記文寫滿文漢文俄文
各二分另繪分圖於六月初七日繕寫完竣卽於是
日在巖杵河俄館會同勘界大員巴啦諾伏等畫押
鈐印
圖門江土字界牌以南海口三十里雖屬俄國轄境
惟江東爲俄界江西爲朝鮮界江水正流全在中國

境內中國如有船隻出入海口非俄國一國所能攔
阻與巴啦諾伏商議數次總以奏請俄廷示諭爲辭
俟商妥後再行定議
甯古塔境內倭字那字二界牌均與記文條約不甚
相符六月初十日約同巴啦諾伏等同赴三岔口查
勘倭字界牌現在小孤山頂距瑚布圖河口尚有二
里並非中俄交界地方查咸豐十一年前倉場侍郎
成琦會同俄國大臣議定交界道路記文內稱在瑚
布圖河口西邊立界牌一箇牌上寫俄國倭字頭並
未載明在小孤山細詢緣由因當時河口水漲木牌

易於衝失權設山頂離河較遠若以立牌之地卽爲
交界之所則小孤山以東至瑚布圖河口一段又將
劃爲俄地現與巴啦諾伏議定將倭字石界牌改立
瑚布圖河口山坡高處正在兩國交界之地按之地
圖條約均屬相符以後永無爭執再查成琦所定交
界道路記文內橫山會處立界牌一箇上寫俄國那
字頭該處與瑚布圖河口相距約有百數十里當日
立牌之處本在荒山榛莽中人跡不到之處亦無路
徑可尋年久無從蹤迹中俄邊界各官均以爲此牌
失毀漫無稽考光緒三年甯古塔副都統雙福與俄

宫廓米薩爾馬秋甯補立那字界牌在瑚布圖河口正北山上距綏芬河與瑚布圖河交會之處不及二里倭那二字牌相去太近又非横山會處自應查明更正因派熟悉邊界之員甯古塔佐領托倫托埒會同舒利經裹糧入山十餘日依水尋源披荆闢路始於六月二十日訪得木牌一座上多朽爛僅存二尺餘下有碎石平砌臺基雖字蹟剥落無存按其地勢正在横山會處迤西即係小綏芬河源水向南流其爲那字舊界牌又無疑義惟山路崎嶇林木蒙翳新造石牌一時難以運往現與俄使巴啦諾伏議明先

於該處原立那字界牌之地掘深數尺堅築石臺俟
冬令冰雪凝厚再將那字石牌由小綏芬河拉運到
山届時由依克唐阿派員前往會同俄官妥爲建立
至那字界牌中間百數十里自應添設封堆記號以
清界址現由舒利經督率繪圖各員詳細測量大𢿨
等委佐領托倫托哷瑚布圖河卡官驍騎校永祥隨
同察看七月初八日回至琿春將各處應換石牌繪
成界圖按圖畫押鈐印
更立俄那二字石牌記文　兩國勘界大臣公同商
議從前補立之那字界牌離瑚布圖河口太近又非

横山會處小孤山上之倭字界牌距瑚布圖河口太
遠並非兩國交界按照條約記文兩牌均有錯誤此
次更换石牌亟須查明更正也現由舒利經查出一
千八百六十一年即咸豐十一年原立之那字木牌
尚存半截上多朽爛牌下碎石砌成基址其爲界牌
無疑該處迤西即小綏芬河源交界道路記文內所
稱横山會處水向北分流入興凱湖及毛河源水向
南分流入綏芬河即此是也現因河水漲發各山溝
節節阻水車道難行新造石牌尚未運往擬於原立
那字界牌之地先挖深坑用石填砌結實築成台基

中留牌孔二三尺深俟冬令冰道暢行再將那字石牌用車載至小綏芬河源拉運上山其地山勢並不陡險易於搬運屆時再由兩國邊界大臣派員監立可也自横山會處至瑚布圖河口應用天文測算之法做一紙綫其間有林木叢雜之處則砍樹爲路有高岡阻隔之處則築土爲墩有道路紛歧之處則挖溝爲記仍將各處記號挨次編定數目嵌立小石牌悉由舒利經督率經理中國派員隨同照料其補立錯誤之那字木牌即行毁廢現在新刻之倭字石牌應照交界道路記文設立瑚布圖河口該處淺灘又

恐河水盛漲沖壞牌座今議於大綏芬河北岸山坡高處華對瑚布圖河口建立倭字石界牌其小孤山上原立木牌亦即毁去以免誤會將此記文書寫滿文漢文俄文各二分以滿文爲主由兩國勘界大臣畫押鈐印後兩國各存一分附於前次會議記文之後

查勘兩國交界道路記　兩國勘界大臣查明第一段交界係照一千八百八十四年俄國派員測繪圖樣自圖們江起至長嶺之天文台止此嶺介乎俄國琿春卡倫及中國二道河卡倫之間爲琿春巖杵河

往來大道計新立土字界牌之地至天文台俄里六十五里半約中國里一百三十一里圖上紅綫俱順分水嶺爲界水向西流入圖門江者屬中國水向東流入海者屬俄國自土字界牌以南順圖門江至海口計俄里十五里約中國里三十里陸路直量至沙灘末處計俄里十三里四百五十五薩仁約中國里二十七里有奇所立土字石界牌高一薩仁約中國尺七尺有奇寬俄寸十寸約中國十五寸厚俄寸四寸約中國六寸一面刻俄文土字一面刻漢文土字牌三字旁列年月牌下入土深一俄尺約中國三尺

三寸四周地基用堅石築成外挖深溝塡以碎石均灌灰漿以期經久自土字牌西北越嶺經哈桑湖之西至沙岡子北立第一記號計八里一百薩仁又北一里六十五薩仁折而西北四里一百三十五薩仁順沙土岡至依岡嘴立第二記號又東南繞水窪折而北至巴啦諾伏山自山迤北又折而東至巴爾巴什山又東北至罕奇英安河往來之道立第三記號計十三里四百六十五薩仁又西北順平岡二里四百薩仁立第四記號又西北踰數小山至馬印甯山二里一百五十薩仁卽於山下平坡立第五記號又

西北六里二百八十五薩仁順平阜而下踰小溝數處至黑頂子往巖杵河之道立第六記號又西北至虎山卽小黑頂子山又西南至魔山卽大黑頂子山折而西北越大嶺路窄而陡至克拉多山由此山繞珠倫河上游折而東再折而北在嶺上立第七記號此嶺不高而山徑至爪距第六記號二十里四百七十五薩仁由此東北三里二百八十薩仁又北一里六十五薩仁又折而東三百三十薩仁卽一千八百八十四年所立之天文台作爲第八記號以上里數皆俄里俄國一里約中國二里俄國一薩仁約中國

七尺有奇惟天文台用磚累高以堅石爲基址其餘記號皆用土砌成圓墩周圍掘溝墊以石塊上立小石牌刻一二三四等字樣此記繕寫滿文漢文俄文各二分以滿文爲主並照以上界綫繪成地圖二分均由兩國勘界大臣畫押鈐印將此記文地圖各存一分爲據

第二段交界長嶺天文台第八記號起至蒙古街嶺之啦字界牌止計俄國一百二十一里四百九十七薩仁此段界道自長嶺四里順小嶺而西至陡嶺叉二里至嶺下此嶺上下俱陡即至俄國橫道河卡倫

之小路界道向東北四里順最窄之嶺折而東南至梯格羅威山即虎山其山中起尖峯頗陡四面多大石樹木自此向東北三里半順大嶺歷層坡而下至佛多石嶺上於琿春往佛多石屯之路立第九記號此處有小石廟又有卡房計天文台第八記號至此十四里三百零七薩仁自此處界道登山路益險峻順山而行下至佛多石地方可以行車之路立第十記號此嶺上亦有小石廟係行人所立者計第九記號至第十記號四里三百一十薩仁又東行峻坂層累而上折而南至綽勒乃山即黑山左右林木深蔚

上多石峰又東折而北至立第十一記號之嶺爲琿
春至巖杵河往來路口第十記號至此計十四里四
百五十七薩仁自此處界道順童山而東繞過巖杵
河上游往琿春之路側立第十二記號計七里二百
七十七薩仁自第十二記號仍順分水嶺行至棘心
河源漸下至低處嶺樹綿亙有由棘心河往頭道溝
之路自此處界道東南行折而東至立第十三記號
之處計距第十二記號十七里一百零二薩仁此十
二至十三記號中間以嶺爲界嶺陰係中國地林木
繁茂嶺陽係俄國地雜樹扶疏而已自第十三記號

向西北順分水嶺三里至阿勒亞偕諾伏河第一嶺上有道可通騾馱又三里折而東北至立第十四記號之處距第十三記號八里七薩仁阿勒亞偕諾伏河出此山麓界道自此向東南折而東至阿勒亞偕諾伏河第二嶺有騾馱道又東南行一里折而東北至阿吉密嶺上亦有騾馱往來之道立第十五記號計第十四記號至此十里三百三十五薩仁自第十三記號至第十五記號十八里林木相間又東半里折而北四里半又折而西二里半又北一里半至立薩字石界牌處即琿春與阿吉密往來路口界牌之

東有阿吉密邊卡計第十五記號至薩字界牌九里
七十五薩仁自此處北行順嶺脊折而東四里繞阿
吉密河上游折而北一里半至西吉密往琿春行走
之路立第十六記號計薩字界牌至此十六里四百
六十五薩仁又東北順嶺而上道經密林其東山勢
壁立自此直北至蒙古街之嶺立啦字石界牌與第
十六記號相距十八里一百六十二薩仁以上所記
兩國界綫均經詳細測量繪成地圖共二分爲第二
圖
第三段交界自啦字界牌起至烏紗溝口即瑚布圖

河口止順分水嶺及瑚布圖河下游共計俄里一百二十八里三百四十五薩仁界道自啦字界牌五里半向東北樹少之嶺此嶺介乎蒙古街河之兩源及琿春河兩河之間自此折而北二里半順高石嶺而行又自啦字界牌九里界道仍向北至老松嶺上有小岡左右皆峻嶺東最險自啦字界牌十一里所經山嶺俱有林木及泥淖難行之處自啦字界牌十八里有中國琿春河一帶小路此路先順界道之嶺向北行八里東入俄國轄境後又繞至怕字界牌處立於琿春河昂邦畢拉河瑚布圖河三源之分水嶺上

卽老松嶺怕字界牌之處有小路二條其一向中國琿春之路其一往瑚布圖河之道自啦字界牌至怕字界牌三十二里二百七十五薩仁自怕字界牌向西二里一百三十薩仁界道由小河下行至瑚布圖河又由瑚布圖河西北行九里有中國界内所出兩小河之口界道又由瑚布圖河下游向北直至河口自怕字界牌至瑚布圖河六十五里河之左右兩岸有險峻之處亦有懸崖林木折而北行林木漸稀境界漸寬又三十一里地土平衍有墾種之田河之兩旁山根峻險樹木扶疏此間有河通河汊河通之岸

林木相間自怕字界牌自瑚布圖河口九十六里七十薩仁以上界道測量準則詳細繪圖二分爲交界

第三圖

兩國交界第四段自瑚布圖河口起至那字界牌止此段界道直綫向西北照子午向偏西十二度四分三秒計俄里七十里二百五十四薩仁自瑚布圖河口界道直綫過綏芬河北岸經平野至陡崖即於此山界道立倭字界牌距瑚布圖河口二里九十五薩仁界道直綫二十里內越嶺數重其間有數小河流入八道河子距倭字界牌七里一百薩仁之處將第

十七記號立於高山之上自此二里一百七十薩仁
界道直綫經溝下過昨羅塔才小河即東大川自第
十七記號行十三里一百六十薩仁於嶺脊高處立
第十八記號此二記號之間樹木稀少自此山路窄
險嶺上有林木自第十八記號行十三里三百七十
五薩仁過水曲律川河又踰一嶺經佛倫喀河源沿
河直行過數小溝有二溝入佛倫卡河自此過小河
陟平岡至第十九記號將此記號立於嶺之高處自
第十八記號至第十九記號相距二十六里八十五
薩仁自此界道直綫下嶺至陷泥溝經過入佛倫喀

河之小河復踰嶺過數小山又越數溝沿佛倫喀河之分流計七里三百六十薩仁渡佛倫喀河自此沿小溝直至平嶺立第二十記號自第十九記號至此十里四百七十五薩仁自此界道直綫沿佛倫卡河過數溝由小綏芬河佛倫喀河之分水嶺直至那字界牌距第二十記號十里三百三十九薩仁自倭字界牌至那字界牌六十八里一百五十九薩仁那字界牌係立於平岡小峰之巔此山東北下臨東岔河之坡爲最陡以上所記界道詳細測量繪成地圖二分作爲交界第四圖

兩國交界第五段自那字界牌起順分水嶺至瑪字界牌止計俄里七十七里二百五十薩仁界道自那字界牌處向西南順平岡疏林四百一十五薩仁而下山坡之西小綏芬河之東經東岔河源又折而西北一里四百三十五薩仁折而北三里十五薩仁嶺窪林密此嶺有二陡坡下臨小綏芬河及東岔河又二里二百二十薩仁向西北至高山之巔界道折而北二里三百五十薩仁順寬嶺而行山路漸低又越一嶺高而窪下臨小綏芬河及東岔河之源界道又折而西三里四百四十五薩仁嶺上有松下臨二分

又折而西五里二百六十薩仁順平岡而行此嶺西
臨綏芬河不甚陡東臨西陽河甚險界道折而西二
里三百七十五薩仁迤南至平岡又折而北一里一
百薩仁至綏芬河西陽河穆棱河之分水嶺上立第
二十一記號距那字界牌二十四里一百一十五薩
仁由此北行一里一百三十五薩仁界道漸低至二
平坡有林木之嶺折而東北七里一百八十五薩仁
界道在平岡疊阜間此處係穆棱河北岔河所由分
又一里三百五十五薩仁折而東南又折而東北十
一里二百七十薩仁至小西陽河源立第二十二記

號距第二十一記號二十一里四百四十五薩仁自此界道九里四百七十薩仁東至嶺上有林木土阜又東九里一百八十薩仁順平山而行在此山之麓立二十三記號此處係大沙河子之喀滅諾什喀河源及入黄泥河子之數小河源相去不遠距第二十二記號十九里一百五十薩仁自此界道向東北八里二百九十薩仁順石嶺而行寬窄相間又折而東一里三百四十五薩仁山勢漸陡又一里四百零五薩仁至老虎山在此山下平岡立瑪字界牌距此一百三十薩仁有自大沙河子至黄泥河子之路自第

二十三記號至瑪字界牌十二里四十薩仁以上所記界道詳細測量繪成地圖二分作爲交界第五圖第六段界道自瑪字界牌起至白棱河入興凱湖之口止計俄里九十里四十五薩仁自瑪字界牌二百五十薩仁界道向東北至於山岡折而東南三里路多峻險叢樹相間蹊徑傴窅嶺盡下行折而東順平嶺四里百一十薩仁折而北三里一百六十薩仁山高而平又東北二里一百十五薩仁至山麓仍向東北十九里四十五薩仁即順山脊而行至波爾沙牙山其間一山有石峰其一有林木山北有中國之黄

泥河子入穆棱河山南有數小河入於西陽河距波爾沙牙山一里一百二十五薩仁之處即俄界尾伊諾庫爾喀溝有通中國穆棱河地方小路波爾沙牙山係畢羅畢喇昨瓦牙河及尾伊諾庫爾喀溝之所自出由波爾沙牙山界道折而北三里四百九十薩仁至無名山此山四面峻險北有林木爲黄泥河子大烏紗奇河所自出大烏紗奇河流入興凱湖自此山界道折而西經大烏紗奇河之上游二里三百六十五薩仁又折而北七里四百零五薩仁界道由嶺與大烏紗奇河並向東北行左右險峻有林木由

此嶺經平岡漸下折而東北十二里一百薩仁至小
平岡此山係什羅略牙溝即圖啦河源所自出自此
界道折而東北十六里四百三十薩仁順平岡而行
至啦字界牌山勢平衍形如野甸即穆棱河白棱河
分水之嶺計自瑪字界牌順分水嶺至拉字界牌七
十二里四百七十薩仁界道又自拉字界牌山岡平
處計四百薩仁經白棱河源順溝下行一里四百薩
仁即順白棱河十四里二百七十五薩仁至入興凱
湖之口將拉字界牌立於白棱河之北岸距河口上
游一百二十四薩仁又距圖哩河之口一里五十薩

仁許自拉字界牌至喀字界牌十六里四百五十一薩仁再自拉字界牌至白稜河口十七里七十五薩仁以上所記界道詳細測量繪成地圖二分作爲交界第六圖

增訂兩國交界第六段道路記　兩國勘界大臣議定增立交界記號第二十四二十五二十六三處於一千八百八十七年即光緒十三年立於所定之地自瑪字界牌四十六里四百四十薩仁由平岡折而東行立第二十四記號距此九里一百薩仁有小平岡係什羅喀牙溝所出之處立第二十五記號又距

拉字界牌二里三百薩仁在白棱河岸立第二十六
記號將此增訂記文附於第六段記文之後
節錄光緒十三年中俄分界條約五條
與俄疆設立界牌共八處係咸豐十一年經侍郎成
琦吉林將軍景綸會同俄官勘明界址中俄交界以
烏蘇哩及松阿察二河作爲交界其二河東屬俄國
西屬中國建立書寫牌文一面漢字一面俄字上寫
俄國土帕倭那拉喀亦耶等字嗣因牌博年久失修
於光緒十二年經督辦邊防大臣吳大澂琿春副都
統依克唐阿會同俄員覆勘黑頂子交界將以前界

牌八箇換立石牌並於不接處添立啦薩瑪三字石牌前後共立界牌十一箇

琿春屬界距圖們江口三十里立土字界牌一箇蒙古街立啦字界牌一箇俄鎮阿濟密與琿春交界之路立薩字界牌一箇瑚布圖河源分水嶺上立怕字界牌一箇塔俄交界大樹岡子立瑪字界牌一箇

甯古塔屬界瑚布圖河口立倭字界牌一箇橫山會處立那字界牌一箇白棱河源小漫崗上立拉字界牌一箇白棱河口立喀字界牌一箇松阿察河口立亦字界牌一箇

三姓屬界烏蘇哩河口立耶字界牌一箇
界牌儻被水火焚沒咨報到日隨時奏派該城副都
統等親往會同俄官重新修立所有工料等項由中
國備辦帶往
按咸豐十年俄覤英法內犯乘間請黑龍江地允
以大礮相易與恭邸面定條約始遣大臣成琦等
往勘分界遂議自烏蘇哩口而南上至興凱湖以
烏蘇哩江及松阿察河作爲中俄交界其二河迤
東之地屬俄羅斯迤西之地屬中國自松阿察河
之源踰興凱湖直至白棱河口順山嶺至瑚布圖

河再由瑚布圖河口順琿春河及海中間之嶺至圖們江口其東皆屬俄羅斯其西皆屬中國蓋實讓與地二千七百里而俄界已漸偪吉林矣當日所立界牌處有八曰烏蘇里曰松阿察河曰土爾必拉曰興凱湖曰瑚布圖河曰琿春日圖門江口曰河源山嶺漫岡自稜河則本無其地乃俄人混指一處欲由松阿察掘通噩稜河以通舟楫而窺甯古塔琿春三姓等處耳俄使稱九年立約時寫在約中有云土爾必拉亦須劃與後經勘出所稱土爾必拉係在興凱湖東北岸奎屯必拉之右距

壘稜河尚有四百餘里蓋經成琦等據此力辯俄始強指必拉之分支小河爲卽白稜之訛而不得藉此白稜河三字爲日後侵佔壘稜河地矣邊防偶述

附與俄交界要地

黑頂子屬琿春城之南距城八十里在圖門江以東其地以山陽之水入江者爲華界山陰之水入海者爲俄界西爲朝鮮界地逼韓俄實爲險要今我雖駐兵扼守然山徑紛歧河港交錯亦屬防不勝防其地如大肚川十八歲子等處川原廣沃急宜屯墾

長嶺子屬琿春城之南距城三十里黑頂子山之北

自嶺東南斜行十五里至横道河子俄設卡倫於此
其地爲赴巖杵河摩闊崴海參崴通衢由此嶺北行
十里爲二道河子設有邊卡駐兵扼守
佛多石嶺屬琿春城之東距城六十里東連呼蘭哈
達西接神仙頂子由嶺南下折而東行五十里至巖
杵河由巖杵河南行六十里至海參崴
三岔口屬甯古塔城之東南距城四百八十里向西
南行五百里至琿春城其地以瑚布圖河爲中俄新
界東行一百四十里即雙城子爲俄人駐兵重地三
岔口南二十里曰大烏蛇溝四十里曰竇姑娘川六

十里曰乾河子九十里曰亮川均在瑚布圖河以南
由亮川而南入琿春界
烏札庫邊卡屬甯古塔城之東距城七百餘里迤東
數里卽爲俄界其地立有喀字界牌過俄界奎屯必
拉河以南五十餘里爲紅土崖俄駐重兵以鎮
峰蜜山屬三姓富克錦城之南距城六百里與琿春
甯古塔成犄角之勢於三姓爲陸路門戶
通江地方屬三姓富克錦城之東距城七百餘里東
卽烏蘇里江口西南距三姓城一千四百餘里今祇
設卡倫於烏蘇里江口而無重兵以鎮

額圖地方屬三姓富克錦城之東距城三百六七十里在松花江南岸上流六七十里爲徐爾固又名錫兒古即俄鎮迷海廓西庫斯克有石磯子二高十餘丈聳峙山邊東磯高形若覆鐘西磯低若覆釜然其頂上均有土壕土人呼爲卓羅哈達韋克和屯其南平原曠野可通撓力河口

街基地方一名街津屬三姓富克錦城之東距城三百里沿江南岸平原多而山少自街基至青得林以東上下六七十里沿江皆山嶺自青得林東至烏蘇里江口三百六七十里惟通江上下數十里有山餘

皆平原曠野地土肥美可以駐兵屯墾

謹按青得林卽會典輿圖所載喜魯林山喜魯林卽錫喇忻之轉音天命元年安費揚古扈爾漢等征東海薩哈連部招服錫喇忻路當卽在此喜魯林一作奇訥林又作奇奇訥

拉哈蘇蘇地方屬三姓富克錦城之西距城一百九十里松花江南岸其北爲黑河口當水路之衝凡順黑龍江而下泝松花江而上者此處實扼其咽喉東行二十里爲莫力洪庫黑龍江自西北來會爲吉江二省水路要地

由烏蘇里江口南至呢嚇河口八百里江西岸曰畢
拉音小河曰撓力卡倫曰撓力河曰阿倴新小河子
曰西倴克里小河曰呢嚇卡倫

吉林通志卷五十六

武備志七 船艦

吉林城

船廠順治十八年設在吉林西門外松花江北岸東西一百五十九丈六尺南北十八丈凡水師製造船艦均在此廠黑龍江船艦亦寄此製造焉

吉林水師營總管一四品官二五品官二六品官四筆帖式一營務筆帖式一委筆帖式一領催十二水手正丁二百五十匠役正丁四十五都凡三百一十九人康熙十三年設原有戰船三十隻運糧船八十隻二十三年將戰船移往黑龍江三十一年添設槳船二十隻為捕打東珠採取樺

皮之
用三十二年添設劃子船二十隻三十八年裁運
糧船五十隻雍正八年裁劃子船二十隻今惟額存
運糧船槳船其規制詳具於後
運糧船三十隻每船長七丈三尺前寬六尺中寬九
尺八寸後寬六尺六寸前高二尺九寸中高二尺八
寸後高三尺八寸
槳船二十隻每船長五丈五尺前寬二尺五寸中寬
九尺後寬三尺五寸前高二尺六寸中高二尺五寸
後高三尺五寸
渡船四隻編列如字一號如字二號如字三號如字

四號在城東尼什哈渡口康熙十一年二十五年分
設定例三年小修五年大修六年拆造
運糧船定例十三年拆造每船拆造應用桐油二百
八斤八兩麻八十五斤四兩鐵九百六斤二兩除每
船拆得舊鐵六百九十三斤五兩抵用外實添新鐵
二百一十二斤十三兩六年大修應用桐油麻鐵照
拆造之數減半
槳船定例十年拆造每船應用桐油一百五十五斤
二兩麻六十六斤四兩鐵六百五十五斤除每船拆
得舊鐵四百九十六斤十兩抵用外實添新鐵一百

五十八斤六兩五年大修應用桐油麻鐵照拆造之
數減半
運糧船槳船遇運用之年隨時小修應用桐油麻鐵
再照大修之數減半
凡用桐油椶繩篗繩風桿竹抱桅竹篷布等項派員
赴都京關領熟鐵綫麻紮線麻繩等由
盛京工部關領鉅綫灰炭錢文由將軍衙門戸司津貼項
下關領打造釘鍋手工錢文由官鑪章京在十旗法
克什官鐵匠餉銀項下支給凡拆造大修小修木植
兵丁入山砍伐預備應用以上均據册報

黑龍江水師船附

黑龍江於吉林修造船隻始於康熙二十二年凡應用木植原由吉林兵丁砍伐雍正八年增設官弁駐紮四品官一五品官一六品官一領催八水手正兵三百都凡三百一十一人經辦船事所需俸餉經費由黑龍江將軍衙門支領

乾隆二十四年題准黑龍江戰船五年大修應需桐油麻鐵物料自新造之年由部豫爲請領一分存庫備用俟修造之年將用過物料數目報部覈銷將送往吉林大修之處永行停止其齊齊哈爾墨爾根兩處船隻遇大修時仍送吉林修理會典事例七百七

烏拉城

額設捕珠大船七隻向由吉林水師營備領

威呼三百九十九隻內協領衙門四十隻每逢捕打

之年始請項砍造以備使用報冊

甯古塔城

無船艦

伯都訥城

渡船六隻在城北七十里嫩江渡口康熙二十五年

設定例三年小修六年大修七年拆造應需木植伯

都訥兵丁砍備如遇拆造之年以水師營丁役往成

之額設經管船事領催水手二水手五十
八修造船事鐵匠三十五凡九十五人

渡船三隻在郭爾羅斯巴達瑪渡口康熙三十五年
設立定例六年拆造由水師營營造而往即將舊船
燒燬所得舊鐵報部無大修小修例以上均據册報

阿勒楚喀城

拉林渡船二隻在喀薩哩渡口雍正五年設立定例
三年小修七年拆造凡木植拉林兵丁砍備以水師
營丁役前往營造之册報

三姓城

渡船四隻以薦字一號二號二隻設佛斯亨站渡口

意字三號四號二隻設妙嘎山站渡口乾隆二十五
年設立定例三年小修五年大修七年拆造凡大小
修則水師營派丁役往拆造則水師營營造而往
巡山大船四隻小船五隻嘉慶十七年設定例八年
拆造無大小修例凡拆造大船領桐油蔴各百斤鐵
百八十斤六兩小船應領桐油蔴各七十五斤鐵九
十斤十一兩不領木植工價
尾護票船大船一隻小船二隻嘉慶十七年設定例
三年小修六年拆造無大修例凡拆造大小船應領
桐油蔴鐵如巡山大小船例小修則大船領桐油蔴

鐵各五十斤小船減半不領木植工價
凡渡船巡山大小船尾護票船大小船均照章減半
折給除渡船由水師營派丁役修理外餘歸三姓丁
役領價修理以上均據册報
以上經制渡船巡船
靖邊軍水師營船艦
松花江水師三板礮船三隻總哨官一哨官二辦事官二字識二號令二頭工三每船一舵工三每船一礮勇十二每船四槳勇三十六每船十二都凡六十三人每船面
長四丈六尺底三丈二尺前寬五尺六寸底二尺八
寸中寬八尺八寸底五尺二寸後寬六尺八寸底三

尺八寸高五尺二寸船尾艄樓一座長六尺五寸寬四尺前高五尺六寸後高四尺八寸藍布裌帳棚以蔽風雨光緒十五年奏准十七年造成噶爾薩礮六尊每船頭艄各一歲需鉛彈子藥機器局製備

四板礮船九隻艙長九每船一頭工十八每船二舵工十八每船二礮勇十八每船二槳勇七十二每船八都凡一百三十五八每船面長三丈八尺底二丈六尺前寬四尺二寸底二尺四寸中寬六尺六寸底四尺八寸後寬五尺四寸底三尺二寸高四尺四寸船尾艄樓一座長六尺寬三尺前高五尺二寸後高四尺四寸帳棚子藥如前例令字旗二桿大纛旗二桿

方旗二桿噶爾薩礮九尊每船一

右礮船分泊三姓阿勒楚喀伯都訥之松花江常川梭巡三板船三總哨官駕一哨官各駕其一四板船九艙長各駕其一艙長哨官分爲節制而統轄於總哨官一切規制仿淮軍水師參酌辦理

凡製造三板礮船每船工料銀六百二十二兩四錢六分四釐五毫四板礮船每船工料銀五百六十兩四錢八分九釐五毫議定三年大修九年改造均歸防餉項下開支棚帳旗幟號衣一年製造一次官兵薪餉礮費等項按年防餉項下開支總哨官之貼書

醫匠紙筆油砞艌縫由公費內開支四板礮船油砞艌縫由總哨官公費內開支三板礮船油砞艌縫由本管哨官雜費內開支

圖們江水師三板礮船一隻領哨一號令二頭工一舵工一礮勇四槳勇十二都凡二十一人船式丈尺帳棚如松花江三板船制光緒十五年奏准十九年造成噶爾薩礮二尊鉛彈子藥機器局製備

四板礮船二隻艙長二每船一頭工二每船一舵工二每船一礮勇四每船二槳勇十六每船八都凡二十六人船式丈尺帳棚如松花江四板船制令字旗二桿大纛旗一桿方旗二桿

右礮船分泊於西步江常川梭巡圖們江上下游三

板一領哨駕之四板船二艙長各駕其一而統轄於

領哨

凡製造銀數修理年限一切規制均照松花江例由

防餉項下開支（以上均據冊報）

以上靖邊軍新設礮船

船廠設於順治十八年昂邦章京沙爾虎達（原作薩兒吳代）造船於此所以征俄羅斯也（柳邊紀略）

康熙十五年徙直隸各省流人數千戶居此修造戰艦四十餘艘雙帆樓櫓與京口戰船相似又有江船數十亦具帆檣日習水戰以備老羌（扈從東巡日錄）

二十一年羅刹據雅克薩城調烏喇寧古塔兵並置造船艦於黑龍江呼馬兒等處駐守其時有大船花船槳船名目皆烏喇寧古塔流人充當水手後遂定爲經制之師然僅有四品五品六品諸階而無官號營制統歸總管鈐轄當時蓋以運糧爲重也歲修船隻在吉林省設有船廠官兵分駐船廠者卒就以爲家吉林以船廠名土人稱船廠不稱吉林也黑龍江述略三

十二月戊子鎮守寧古塔等處將軍巴海等以寧古塔戰艦稍有損敗請發物料用資修整工部議如所請

上諭修整戰艦所關甚重其令戶部尚書伊桑阿往董其事
平定羅剎方略
二十二年三月庚戌
命造船運糧松花江大學士覺羅勒德洪等議於巨流河渡口造船六十艘以長三丈寬一丈爲度每船載米百石用水手六名水手卽派民夫操演自起運日每人月給銀一兩尋令甯古塔副都統瓦里虎等自伊屯口至伊屯門伊爾門河口驗視水勢尋噶爾圖奏遼河可行三丈之船請以此式於巨流河渡口造船六十艘瓦里虎奏伊屯河可行三丈五尺之船吉林地

方伐木造船百艘由伊屯河運米松花江平定羅刹方略

十一月癸酉吏部尚書伊桑阿等奏奉

命議運糧黑龍江事宜臣等議烏喇造船五十艘除將軍薩布素所發水手一百五十人再派烏喇兵二百獵戶四百候明年氷解時即以伊屯口席北米每船載五十石並副都統穆泰兵三月坐糧運至黑龍江二十四年應運者於前項水手添發烏喇兵六百運送得

旨應增船艦并運二年食糧二十四年不必運送其再行確議以聞隨議二年食糧一次全運船五十艘不足應增造三十每船設運丁十五人共需一千二百人除薩布

素處所發水手一百五十八外再派烏喇八旗獵戶六百九十甯古塔兵三百六十選才能協領等官督運黑龍江

詔從所議復

諭所發獵戶甚多其令總管席特庫轄之前往兵丁獵戶水手各給餉一月八旗通志二十九

國家於烏喇地方設立重鎮兵糧全資輸輓康熙二十二年

特命大臣相視河道於開城鄧子村易屯門按即今伊通門屬伊通州及易屯口今屬農安縣境等處設倉每歲農隙之時運米貯於

開城倉內春秋二季以舟運至鄧子村交卸自鄧子村陸運百里至易屯門倉由易屯河按即今伊通河舟運出易屯口直達混同江按應作松花江自是轉運不勞餉騰有藉

睿慮誠深遠也八旗通志二十四

聖祖仁皇帝念烏喇水陸重鎭輸輓維艱

特命盛京刑部侍郎噶爾圖防守協領殷達渾相視可達混同江河道繪圖進呈復遣噶爾圖等乘小舟自遼河遣烏喇副都統瓦里虎等自易屯口測其水道淺深覆奏奉

台設倉四處內地設於巨流河之開城邊外設於鄧子村烏
喇設於易屯門即易屯河農隙時運米貯於開城倉
內以春秋二季舟運至鄧子村交卸自鄧子村至易
屯門百里無水路車運至易屯門倉內由易屯門舟
運出易屯口竟達混同江其遼河易屯河俱造運船
百隻以瀛台白鶼油船爲式每船載米六十倉石爲
率其混同江大船八十隻每船載米二百石爲率其
遼河運丁滿兵三百名奉天所屬各州縣分派水手
六百名每名月給銀一兩仍免其丁地易屯河混同
江水手俱由甯古塔將軍分派歲以爲常此後各鎮

開墾既廣儲峙有素無事輸輓之勞運船積於無用已多拆毀今仍載其始末以見經制之事隨時異宜云吉林外紀三　按外紀大旨本於八旗通志然所載尤詳其議亦可備考故節而存之

易屯河運糧船一百隻每船載六十石混同江運糧大船八十隻每船載二百石船廠船六十四隻大船七十隻以上船隻屬甯古塔將軍管理八旗通志二十四

凡烏喇修造船隻所需檣牙本部造給篷桅由工部運解同上

船廠船隻運糧船三十隻聽差槳船二十隻小划子船二十隻松阿里江口渡船四隻同上　按易屯河即伊通河今淤淺

不能舟運其運船百隻久廢無存至混同江之運糧船康熙三十八年裁撤五十隻後亦祇存其額數不事挽運即聽差槳船亦為額設用非所用引而證之欲使後之覽者於以見　國初規模大備而今昔情形不同有如此其所載船數疑有重複無從校正

御船四隻內龍船一隻花船一隻如意船一隻輕船一隻俱係乾隆十九年工部匠役承造無歲修拆造例吉林外紀三道光年廢册報

存貯龍船房十九間看房推撥房二間今廢同上

前代

漢挹婁人便乘船北沃沮畏之每夏藏於巖穴至冬船道不通乃下居邑落後漢書

金景祖始教人制造舟車神麓記

混同之地其俗刳木爲舟長可八尺形如梭曰梭船滿洲源流考注按此即威呼之制梭船乃漢人語耳船上施一槳止以捕魚至渡車則方舟或三舟契丹國志

元英宗泰定十九年冬十月丁未女直陸實原作自六十請造船運糧赴鬼國贍軍從之元史十二

二十年三月罷女直造日本出征船同上

二十一年夏四月命開元等路宣慰司造船百艘付狗國戍軍元史十三

二十二年六月庚戌命女直碩達勒達造船二百艘及造征日本迎風船同上

冬十月塔海弟陸實言亇姓及諸投下民俱令造船於女直而女直復發爲軍工役繁甚同上

明宣德四年十二月壬辰罷中官松花江造船明史九

吉林通志卷五十七

武備志八 驛站 電報附

西路東路驛站

監督一員八旗協領兼管無專員北路監督放此管理吉林

城西路及東路三十站

總站官一員辦事筆帖式一員領催委官一員

吉林城東十里尼什哈站按即烏拉站今城北十里有舊站地名應即烏拉站後從城東而盛京通志作城西凡吉林各路站道皆由此起盛京通志額設筆帖式一員領催委官一員站丁六十名馬六十四牛六十隻按盛京通志作站丁馬牛均五十會典事例同事例又有水手撥

什庫一撥什庫即領催也水手三十六今無其建
設年月亦無考光緒十四年增壯丁牛馬各十西
七十里蒐一作搜登站俗名蘇通站

吳兆騫早發尼什哈詩繞帳笳聲促夜裝明星欲
落霧蒼蒼征途咫尺迷孤嶂殘夢依稀認故鄉雪
盡龍山三伏雨風嚴雁磧五更霜據鞍卻望黃沙
外此地由來百戰場秋笳集二

蒐登站在大綏河西額設筆帖式一員領催委官一
員壯丁四十五名馬四十五匹牛四十五隻西七十
里伊勒門按一作一而門站

伊勒門站在岔路河西額設筆帖式一員領催委官

一員站丁四十五名馬四十五匹牛四十五隻西五十五里蘇瓦按瓦又作斡會典事例作斡斡字之譌也延站按甯古塔紀畧第三站名雙羊河又黑龍江外紀作刷煙站一作雙楊站

蘇瓦延站在雙楊河西額設筆帖式一員領催委官一員站丁四十五名馬四十五匹牛四十五隻按以上三站盛京通志壯丁牛馬四十會典事例均三十七建設年月無考光緒十四年每站增壯丁牛馬均八

以上吉林府境

伊巴坦按坦一作丹站按一作驛馬站在蘇瓦延站西六十里又西四十里至伊通州城額設筆帖式一員領催委官一員站丁四十五名馬四十五匹牛四十五隻西六

十里阿勒坦額墨勒站（按俗名大孤山站）

阿勒坦額墨勒站東五十里至伊通州城額設筆帖式一員領催委官一員站丁四十五名馬四十五匹牛四十五隻西六十里赫（按會典事例赫作克）爾蘇站

赫爾蘇站東一百十里至伊通州城額設筆帖式一員領催委官一員站丁四十五名馬四十五匹牛四十五隻西八十里葉赫站

吳兆騫赫爾蘇（原作黑兒涉）河眺望詩長河渺難涉歇馬暫躊躇地隔三韓外人看萬死餘沙陰低遠幕草色上征車竄逐前賢事飄蓬愧未如（秋笳集二）

葉赫站東一百九十里至伊通州城額設筆帖式一員領催委官一員站丁四十五名馬四十五匹牛四十五隻西五十五里蒙古霍按會典事例霍作羅羅站按盛京通志作棉花街站又棉花街亦作蓮花街

蒙古霍羅站東二百三十里至伊通州城額設筆帖式一員領催委官一員站丁四十五名馬四十五匹牛四十五隻按以上五站盛京通志壯丁牛馬均四十會典事例均三十七建設年月無考光緒十四年每站增壯丁牛馬均入過此五十里爲開元縣界盛京通志

自烏拉站至此爲吉林西南至奉天站道

額赫穆按會典事例穆作茂站在烏拉站東九十里額設筆帖

式一員領催委官一員站丁二十五名馬二十五匹
牛二十五隻東八十里按盛京通志作九十里拉法按秋笳集作喇伐站按盛京通志作額音楚站額音楚國語異也而圖書集成作額伊虎虎亦作瑚滿洲源流考有額伊瑚衛明永樂四年置詳見沿革考是額音楚爲額伊瑚之轉音其稱已舊後改
拉法站西十里至孤家子北十餘里至石砎子額設
筆帖式一員領催委官一員站丁二十五名馬二十
五匹牛二十五隻東六十五里退摶按會典事例作推屯站按盛京通志作圖依屯站又作安巴多觀站又滿洲源流考有推屯河衛明永樂六年置詳見沿革考
吳兆騫喇伐道中詩平明吹角起征鴻又逐戎鞍
迴朔風秋草關山人獨去寒衣鄉國信誰通龍沙

迥出三邊外鳥道斜懸萬嶺中千載主恩良不薄

崔駰竄處是遼東秋笳集二

退摶站東三十餘里至嵩嶺按嶺東屬甯古塔額設筆帖式一員領催委官一員站丁二十五名馬二十五匹牛二十五隻按以上三站盛京通志壯丁牛馬均二十會典事例均十三光緒十四年以每站原設壯丁牛馬均十八每站增壯丁牛馬均七

以上吉林府境

伊奇按一作意氣又作義其松按會典事例作伊克蘇站在退摶站東八十里東南一百五十里至敦化縣城西五十里至嵩嶺石頭廟爲吉林府界額設筆帖式一員領催委官

一員站丁二十五名馬二十五匹牛二十五隻按伊奇松搭拉二站光緒十四年以原設壯丁牛馬均十五各增壯丁牛馬均十東四十里額摩和索羅按會典事例額作鄂站

額摩和索羅站按開國方畧東海窩集部之鄂摩和蘇嚕路並附烏拉遣人招之降即此又入旗通志作俄莫和索洛站秋笳集作曷木逖邏站一作鄂摩和站省文也佐領駐此南一百二十里至敦化縣城北五十餘里至洋白山爲五常廳界額設筆帖式一員領催委官一員站丁二十五名馬二十五匹牛二十五隻按光緒十四年以原設壯丁牛馬均十八各增壯丁牛馬均七東八十里塔拉站按滿洲源流考有塔拉河衛明永樂五年置詳見沿革考東南七十里通溝站

吳兆騫曷木巡邏曉發詩樹杪月猶見城頭角已殘荒途分五國歸騎發三韓野霧依山盡春星落塞寒鳴鞭及前侶霜露滿孤鞍秋笳集二

通溝站西南八十里敦化縣城東八十里滴達咀又東屬甯古塔光緒七年設額設筆帖式一員領催委官一員站丁二十名馬二十四牛二十隻按光緒十四年以通溝站哈順站穆克德和站原設壯丁牛馬均十三各增壯丁牛馬七

以上敦化縣境按縣城東南至琿春無站涼水泉東南十里天德店地方駐紮靖邊營弁兵遞送往來公文

搭拉站在通溝站東口十里西以都棱河與敦化縣爲界額設筆帖式一員領催委官一員站丁二十五名馬二十五匹牛二十五隻增設見前東口十里必爾罕畢喇按一作必爾罕站省畢喇二字

必爾罕畢喇站額設筆帖式一員領催委官一員站丁二十五名馬二十五匹牛二十五隻按額摩和索羅必爾罕畢喇二站盛京通志壯丁牛馬均三十會典事例站丁牛馬均十三建年無考光緒十四年以原設壯丁牛馬十八各增壯丁牛馬均七東偏南六十里沙蘭站

沙蘭站額設筆帖式一員領催委官一員站丁二十五名馬二十五匹牛二十五隻按盛京通志壯丁牛馬均二十會典事

例站丁牛馬均十八光緒十四年增壯丁牛馬均七東八十里甯古台　按會典事例台作塔站

吳兆騫沙林道夜行聞鶴詩空外皐禽度沙邊倦客行那知遥夜唳偏恨獨遊情影落霜岑逺聲傳月漵清憐君霄漢侶何事入遼城　又沙林同友人登完顏故臺詩廢磴盤紆嶺色迴與君登眺暫顏開單車絶塞雙蓬鬢落日清秋萬古臺舊劍擊殘歌自苦吳簫吹遍調偏哀最憐酒半憑欄處蕭瑟江山只雁來秋笳集卷二卷七　按沙林即沙蘭站扈從東巡錄聞之兆騫曰自沙林而東八十里爲甯古塔今按里數適合

甯古台站額設筆帖式一員領催委官一員站丁二十五名馬二十五匹牛二十五隻按盛京通志壯丁牛馬均二十會典事例站丁牛馬均十光緒十四年以原設壯丁牛馬二十增壯丁牛馬均五南七十里新官地站自額赫穆站至此爲吉林東至甯古塔站道自尼什哈站至此俱係西路管站官所轄吉林至三姓站道亦由此出指尼什哈站而言乾隆四十四年奏准於鄂摩和畢爾罕二站內各撥馬五匹牛五頭額赫茂等五站內各撥馬四匹牛四頭分置薩庫哩等八站盛京通志口十口

新官地站光緒七年設無筆帖式領催爲分站統歸上站管理下放此額設

站丁十五名馬十五匹牛十五隻光緒十四年以新官地站老松嶺站瑚珠嶺站需占站原設壯丁馬牛各十三增壯丁馬牛均二南六十里瑪勒瑚哩站

瑪勒瑚哩站光緒七年設額設筆帖式一員領催委官一員站丁二十名馬二十匹牛二十隻按光緒十四年以瑪勒瑚哩站薩奇庫站琿春站原設壯丁馬牛十五各增壯丁馬牛均五南六十里老松嶺站

老松嶺站光緒七年設額設站丁十五名馬十五匹牛十五隻南六十里薩奇庫站

薩奇庫站光緒七年設額設筆帖式一員領催委官

一員站丁二十名馬二十匹牛二十隻南六十里瑚珠嶺按一名太平嶺站

瑚珠嶺站光緒七年設嶺以南屬琿春以北屬甯古塔額設站丁十五名馬十五匹牛十五隻

以上甯古塔城境

哈順站光緒七年設在瑚珠嶺站南六十里北三里至旺清河口額設筆帖式一員領催委官一員站丁二十名馬二十匹牛二十隻南三十八里大坎子站

大坎子站光緒七年設北十三里長嶺子額設站丁十五名馬十五匹牛十五隻按原設壯丁馬牛十光緒十四年增壯丁馬牛

均南四十五里穆克德和站按一作五德通站
穆克德和站西北踰高力嶺至牛什哈嶺三十五里
光緒七年設額設筆帖式一員領催委官一員站丁
二十名馬二十匹牛二十隻南六十里密占站
密占站光緒七年設西行二十八里至凉水泉爲塔
城南岡分路之所額設站丁十五名馬十五匹牛十
五隻南六十里琿春站
琿春站光緒七年設額設筆帖式一員領催委官一
員站丁二十名馬二十匹牛二十隻
以上琿春城境

右總站官一員俸銀四十兩辦事筆帖式一員餉銀三十六兩領催委官一員餉銀二十四兩筆帖式二十四員每員餉銀三十六兩共八百六十四兩領催委官二十四員每員餉銀二十四兩共五百七十六兩馬八百四十匹每馬草豆銀十八兩共馬草豆銀一萬五千一百二十兩牛八百四十隻每牛草豆銀十二兩共牛草豆銀一萬零八十兩總共官員站丁俸餉牛馬草豆銀二萬六千七百四十兩其烏拉額赫穆管下二十站據舊站言之各站丁共種地六萬三千三百六十一晌

北路驛站

監督一員管理吉林城北路二十三站

總站官一員辦事筆帖式一員領催委官一員

金珠鄂佛羅按一作錦州俄佛羅站俗名哲松站在尼什哈站北六十里又北二十里至打牲烏拉城領設筆帖式一員領催委官一員站丁三十名馬三十四牛三十隻按會典事例金珠鄂佛羅站舒蘭站法特哈站每站站丁牛馬均二十七光緒十四年各增壯丁牛馬均三

北六十里舒蘭站

舒蘭站領設筆帖式一員領催委官一員站丁三十名馬三十四牛三十隻增設見前北五十里法特哈站

法特哈站距巴彥鄂佛羅邊門十里邊門外屬伯都訥額設筆帖式一員領催委官一員站丁三十名馬三十四牛三十隻

方式濟法特原作搭哈門詩山口嚴扃月照營等閒客過待雞鳴此身已在重邊外不怕陽關第四聲國朝詩別裁

以上吉林府境

登伊勒哲庫按會典事例作騰額爾哲庫站按俗名秀水甸子站北口十里至伯都訥廳城凡多歡五常等站道由此分遞額設筆帖式一員領催委官一員站丁三十五名馬三十

五匹牛三十五隻按盛京通志登伊勒哲庫站拉林多歡站乾隆九年增設每站額設壯丁牛馬均十係西路管站官所轄會典事例登伊勒哲庫站站丁馬牛均二十七拉林多歡站站丁馬牛均十五光緒四年增拉林多歡站壯丁馬牛均十十四年增登伊勒哲庫站壯丁馬牛均八又增拉林多歡站壯西偏北五十里盟溫站由騰額爾哲庫丁馬牛均十

站分道八十里至蒙古站會典事例五百五十九

附錄　驛站站丁原有地畝年久滋弊典賣殆盡丁逃逋欠不一而足歷任將軍以積重難返憚於根究嘉慶二十三年將軍富俊清查四路驛站典賣地一萬五千餘晌示以典賣官產例禁綦嚴遂分別年限清查凡典賣十年以後即行收回如未滿者自種則

減租二成，償有蒂欠，遂佃另招。嗣經部議，將此項地畝入官納糧。復經富俊條奏，作爲八百五十站丁隨缺地，每丁得隨缺地十五晌九畝，以資差役津貼。伯都訥圍場沿邊曠地，自登伊勒哲庫站至五家子站餘荒二萬晌，奏准給北路站丁招佃試墾，租價分給三十八站，厥後丁力饒裕，驛務遂有起色矣。吉林外紀三

蒙古站南偏西二十五里至伯都訥廳城西偏北三百八十里，至伯都訥城東口十里牛頭山爲雙城拉林界。額設筆帖式一員，領催委官一員，站丁三十名，馬三十匹，牛三十隻。至拉林多歡站八十里，五常站

一百二十里按會典事例站丁馬牛均二十七光緒十四年以原設壯丁牛馬均十八增壯丁牛馬均十二

盟温站南爲郭爾羅斯界額設筆帖式一員領催委官一員站丁三十名馬三十匹牛三十隻按會典事例盟温站陶賴昭站遜紮保站浩色站社哩站伯德訥站每站站丁馬牛均二十五光緒十四年各增壯丁牛馬均五

西北五十里陶賴昭按會典事例作托賴昭站黑龍江外紀作陶賚洲站

陶賴昭站額設筆帖式一員領催委官一員站丁三十名馬三十匹牛三十隻西北五十里遜札保按會典事例作遜札布站按俗名五家子站

遜札保站額設筆帖式一員領催委官一員站丁三

十名馬三十四牛三十隻西北四十里浩色按會典事例作

蒿子站

浩色站額設筆帖式一員領催委官一員站丁三十名馬三十四牛三十隻西北五十里社哩按會典事例作舍哩

站

社哩站西北六十里伯都訥城額設筆帖式一員領催委官一員站丁三十名馬三十四牛三十隻北八十里伯德按會典事例德作都訥站

伯德訥站南二十五里至伯都訥城額設筆帖式一員領催委官一員站丁三十名馬三十四牛三十隻

北四十五里至松花江沿渡口爲黑龍江界

自金珠鄂佛羅以下十站無盟温站爲吉林西北至伯都

訥站道係東路管站官所轄吉林至黑龍江站道亦

由此出盛京通志

以上伯都訥城境

拉林多歡站在蒙古喀倫站東八十里北七十里薩

庫哩站額設筆帖式一員領催委官一員站丁三十

五名馬三十五匹牛三十五隻西北七十里雙城站

東一百二十里五常站

五常站光緒七年設額設筆帖式一員領催委官一

員站丁二十名馬二十四牛二十隻按原設壯丁馬牛均十光緒十四年各增壯丁馬牛均十

以上五常廳境

雙城站在拉林多歡站西北七十里道光五年設額設筆帖式一員領催委官一員站丁二十名馬二十匹牛二十隻按原設壯丁馬牛均十光緒十四年各增壯丁馬牛均十

附錄　道光五年將軍富俊奏雙城堡初設時無驛遞公文請於西北兩路三十八站内抽撤官馬十四牛十頭草豆倒斃銀兩一併撥給由北路各站閒散丁内就近移駐七戶養馬當差每戶官蓋房三間增

設筆帖式一員委領催一名歸北路監督管理吉林外紀

三

以上雙城廳境

薩庫哩按一作沙克哩站按俗名二道河子站在拉林多歡站東七十里北二十二里至阿勒楚喀城東北一百五十里至廳城南二十餘里至古城店雙城廳界額設筆帖式一員領催委官一員站丁三十名馬三十匹牛三十隻按會典事例站丁馬牛均十五光緒十四年以東原設站丁馬牛均十八增壯丁馬牛均十二六十五里蜚克圖站按會典事例蜚作費

蜚克圖站順蜚克圖河北岸至廳城爲路六十二里

額設筆帖式一員領催委官一員站丁二十五名馬二十五匹牛二十五隻按會典事例站丁牛馬均十四光緒十四年增壯丁牛馬均十一東北七十里葦子溝站

葦子溝站站設廳城外光緒七年設額設筆帖式一員領催委官一員站丁二十五名馬二十五匹牛二十五隻東北六十里色按會典事例色作塞勒佛特庫站按原設壯丁馬牛均十三光緒十四年增壯丁馬牛均十二

色勒佛特庫站俗名枷板站西行偏南距廳城五十八里額設筆帖式一員領催委官一員站丁二十五名馬二十五匹牛二十五隻按會典事例色勒佛特庫站鄂爾木索站光緒十四年以

原設壯丁馬牛均十六各增壯丁馬牛均九

以上賓州廳境

佛斯亨站在色勒佛特庫站東北七十三里額設筆帖式一員領催委官一員站丁二十五名馬二十五匹牛二十五隻按會典事例站丁馬牛均十四光緒十四年以原設壯丁馬牛均十八增壯丁馬牛均七東北七十三里富拉例拉作爾琿站按會典事

乾隆二十七年奏准阿勒楚喀三姓遞送公文窵遠在松花江北岸黑龍江地方設佛斯亨站富拉琿站

崇古爾庫站鄂爾國木索站妙噶山站據舊輿圖

富拉琿站額設筆帖式一員領催委官一員站丁二

十五名馬二十五匹牛二十五隻按會典事例富拉琿站崇古爾庫站每站站丁馬牛均十四光緒十四年以原設壯丁馬牛均十四增壯丁馬牛均八東七十里

崇古爾庫站

崇古爾庫站額設筆帖式一員領催委官一員站丁二十五名馬二十五匹牛二十五隻東北七十二里

鄂爾國木索按會典事例作鄂爾多穆遜站

鄂爾國木索站額設筆帖式一員領催委管一員站丁二十五名馬二十五匹牛二十五隻東六十八里

妙噶山按會典事例盛京通志作廟屯站

妙噶山站南至三姓城五里額設筆帖式一員領催

委官一員站丁二十五名馬二十五匹牛二十五隻
按會典事例站丁馬牛均十水手十光緒十四年以此均馬牛均十三增壯丁馬牛均十二
以上八站係東路管站官所轄乾隆二十四年增設
每站額設站丁十名馬十匹牛十頭於各站內酌量
撥給乾隆四十四年奏准由吉林至甯古塔七站內
撥馬三十八匹牛三十八頭分置於此盛京通志□十□
以上三姓城境各站均在松花江北岸東至富克
錦城無站
右總站官一員俸銀四十兩辦事筆帖式一員餉銀
三十六兩領催委官一員餉銀二十四兩共銀一百

兩各站筆帖式二十三員每員餉銀三十六兩共餉銀八百二十八兩領催委官二十三員每員餉銀二十四兩共餉銀五百五十二兩馬六百四十四匹每馬草豆銀十八兩共草豆銀一萬一千五百二十兩牛六百四十頭每牛草豆銀十二兩共草豆銀七千六百八十兩總共官員站丁俸餉馬牛草豆銀二萬零六百八十兩各站丁共種地四萬八千六百五十五

晌

光緒六年十二月二十日奏三姓城北五里曰妙嘎山站又西六十八里曰鄂爾國木索站又西七十二

里曰崇古爾庫站又西七十五里曰富拉琿站又西七十三里曰佛斯亨站其地東西約二百八十餘里南北自封堆至江約二十里該處站丁原准其就地墾種因向無定章故墾地寥寥現在三姓添設防軍轉運糧餉軍火委員弁勇絡繹姓來公事較繁經費支絀照舊支領草豆銀兩實不敷用擬懇酌給荒地每站筆帖式一員領催委官一員各撥五十晌正丁餘丁各撥十六晌如各丁差事較多不能兼顧耕種並准招民代墾以示體恤檔册

鰟頭𡿨站在甯古塔城北一百四十里駐哨長一員

什長一名兵七名北四十里沙河子站
沙河子站駐什長一名兵七名北五十里細鱗河站
細鱗河站駐什長一名兵七名北六十里三道河站
三道河站駐什長一名兵七名由此至三姓界蓮花
泡站六十里
以上甯古塔城境
太平莊站在三姓城南五十里駐兵七名南七十里
烏斯渾站
烏斯渾站駐哨長一員兵十五名南五十里小巴彦
蘇站

小巴彥蘇站駐兵十五名南八十里蓮花泡站

蓮花泡站駐兵十四名

以上三姓城境

按以上甯古塔之鰟頭岔等八站向無站道光緒七年因設防軍撥兵駐守藉以傳遞文報非吉林額設驛站故附載於此

光緒十四年七月將軍希元奏言吉林通省原設西北兩路大小三十七站共額丁八百七十名牛馬各八百七十頭匹其餧養草豆及年例買補倒斃等項銀兩作正開銷專膺驛差在昔政簡徭輕本末累及

丁力軍興之後用款浩繁部議將草豆並買補倒斃
銀兩概給官票減成折放遂致丁力拮据年久累重
雖於同治七年將草豆一項奏准仍發實銀而買補
倒斃價銀仍復減扣三成光緒初年奏設練隊扼要
分駐嗣又建置民署添設防軍各項差徭動須車馬
絡繹不絕而傳遞往來公文猶屬日無暇晷是驛站
差務繁重丁力疲累已非一日若不及早補救將必
廢弛貽誤緣東北路各小站原設額丁自十名至十
五名不等內塔拉站意氣松站初本腰站附歸鄰近
正站管理又由甯古塔達琿春山路險峻增設臺卡

接遞公文光緒七年經銘安吉昌吳大澂會奏將臺卡改設正分十站添丁一百三十三名並添設通溝站葦子溝站五常站三站將塔拉意氣松二腰站改爲正站設管站筆帖式領催委官暨通省各小站一併酌加額丁一百一十名應需初次置買牛馬並改設正分十站及通溝等三站計十三站蓋房置器等項概發實銀每年餵養草豆買補倒斃價銀一體照章發領在案惟所改正分十站介在邊地僻壤之間並無城市僅建站務官房其添設額丁皆由他站餘丁挑撥既無房地可資又無錢糧養贍勢不能攜眷

前往隻身膺差遠距本站數百里疲苦益甚詢屬實在情形通計兩路驛站共原額丁八百七十五名續經添丁二百四十三名現共額丁一千一百一十三名每丁牛一頭馬一匹共計牛馬各一千一百一十三頭匹不敷膺差之用亟宜添丁加額視驛站之衝僻定丁額之多寡擬請各站再添額丁三百六十七名仍照定章每丁應置馬一匹價銀九兩牛一隻價銀七兩共應需初次置買馬牛價值實銀五千八百七十二兩每年共需餧養草豆實銀一萬一千零一十兩遇閏加增銀九百一十七兩五錢每年共需照

章買補倒斃牛馬價值實銀一千三百四十三兩五錢八分七釐初設之年共需實銀一萬八千二百二十四兩五錢八分七釐嗣後每年僅需草豆倒斃共實銀一萬二千三百五十三兩五錢八分七釐此已儉中求儉稍事加添其改設正分十站撥往丁壯無以棲止查各站額丁住房向未發過房價今此十站非特新設且地處山僻偏區與他站情形迥異必須因地制宜請按每丁一戶准蓋苫草房三間大門一間周築土牆又該十站並通溝站葦子溝站五常站塔拉站意氣松站五站官房過少不敷占用且無牆

院間有未發房價者請按每站添建檔房五間倉房五間住房五間馬棚五間草棚二間大門一間周築土牆七十八丈各該站皆在邊僻荒陬須由他處照運工料若照章繩以例價減折實所不敷自應照依時價核估每站添建房院共估需工料實銀一千五百二十兩十五站共估實銀二萬二千八百兩站丁住房每所估需工料實銀一百三十九兩十站額丁暨新添丁一百七十五名共估房價實銀二萬四千三百二十五兩二共估需實銀四萬七千一百二十五兩擬請均照向章由徵收地租銀兩項下發給實

銀作正開銷其添支草豆買補倒斃二項仍照章支放應撥新丁隨缺地畝除舊有各站飭由各該監督自行就地籌辦外其改設正分各站丁地仍飭由酌撥站地內酌撥檔册

京師至吉林城 自皇華驛四十里至通州潞河驛七十里至三河縣三河驛七十里至薊州漁陽驛八十里至玉田縣陽樊驛八十里至豐潤縣義豐驛一百里至遷安縣七家嶺驛六十里至盧龍縣灤河驛七十里至撫甯縣蘆峯口驛四十里至撫甯縣榆關驛六十里至臨榆縣遷安驛出山海關七十五里至沙河

驛六十三里至東關驛六十二里至甯遠驛六十二里至高橋驛五十四里至小淩河驛五十四里至十三山驛八十里至廣甯驛七十里至小黑山驛五十里至二道井驛五十里至白旗堡驛七十里至巨流河驛四十里至舊邊驛六十里至

盛京驛七十里至懿路驛七十五里至高麗屯驛七十五里至開元驛五十五里至蒙古和羅站入吉林界五十五里至葉赫站八十里至克爾蘇站六十里至阿勒坦額墨勒站六十里至伊巴坦站六十里至蘇斡延站五十五里至伊勒們站七十里至蒐登站七十里

至吉林城烏拉站距

京師共二千二百四十五里會典事例五百五十九

驛站總載

凡置郵曰驛各省腹地所設爲驛曰站軍報所設爲站吉林所設亦曰站每站設筆帖式管理統於將軍各量其途之衝僻而置吉林站三十八備其夫吉林領催壯丁係於旗人內派充馬吉林兼設牛驛馬倒斃之數吉林不得過三分准銷馬價銀吉林每馬一四九兩於驛站款內動用與其經費驛站夫役工食銀馬牛草豆銀及外備棚廠槽鍘等項銀僱募車船腳價銀俱按各處價值定制於驛站款內動支吉林編徵驛站原額馬牛價銀四千三百六十五兩有奇稟給銀五百十兩以供差以馳報歲終則題銷驛站奏銷冊以節年存賸爲舊管以額設實徵爲新收以夫馬車船各項工料及稟給雜支僱募價值爲開除以本

年支用存賸及建曠皮臟變價並節年存賸爲實在
由司驛官造册呈報該將軍具題　會典三十九

凡差給驛者皆驗以郵符曰勘合官馳驛者給以勘合曰火牌
兵役馳驛者給以火牌凡將軍每年所用由部豫給
遇應馳驛之差臨時塡用吉林將軍給勘合十張火
牌十張

凡驛遞驗以火牌定其遲速之限公文限馬上飛遞
者日行三百里其
緊急公文則標明四百里五百里六百里按限馳遞
慶賀表牋彙入　盛京將軍衙門由驛遞恭進題奏
緊要事件專差齎送准用火牌一張塡馬二匹同城
駐劄官同日拜本者彙入一牌亦止塡馬二匹其平
常事件吉林例差員役正副二人許用馬四匹如物
件有應多人背負者於火牌內詳注緣由　由京至
吉林二千二百四十五里　吉林自甯古塔至三姓
琿春地方限日行一站其餘俱限日行兩站　會典
三十
九

以上通例

康熙二十二年十月甲子

遣官勘視設驛地方戶部奏愛琿至烏拉須設十驛但設驛之地不行相度難以懸議應俟來年三月雪消遣戶兵二部理藩院官各一員並令甯古塔將軍選熟知地勢者偕行就近派郭爾羅斯二旗杜爾伯特一旗嚮道各二人詳加丈量尋遣戶部郎中包奇兵部郎中能特理藩院郎中額爾塞前往平定羅剎方畧

二十四年七月壬申

命自烏喇吉林至愛琿設立驛站先是郎中包奇等奏自烏

喇吉林至愛琿計丈量共一千一百九十五里應設
十四驛
上諭驛遞關係緊要凡丈量當以五尺爲度今程度太遠令
包奇等再馳驛前往詳加丈量至是包奇等奏自烏拉吉
林城至愛琿城以五尺細丈共一千三百四十里應
設十九驛
報可復令每驛設壯丁並撥什庫三十名馬三十匹牛三十
頭壯丁自
盛京甯古塔所轄各驛柳條邊派出馬牛令
盛京户部照數採買送往同上

三十四年黑龍江將軍薩布素奏派官兵自
盛京烏喇墨爾根三處至索岳爾濟山一一按地丈量
分記緩急行程自吉林烏喇丈至索岳爾濟山共計
一千六百五十里置急程二十九站緩程四十八站平定朔漠方畧
由吉林烏拉站六十里至金珠鄂佛羅站六十里至
舒蘭河站五十里至法特哈站五十里至騰額爾哲
庫站五十里至蒙古站五十里至托賴昭站五十里
至遜扎布站三十五里至蒿子站六十里至舍哩站
八十里至伯都訥站會典事例五百五十九

由騰額爾哲庫站分道八十里至蒙古卡倫站七十里至拉林多歡站七十里至薩庫哩站六十五里至費克圖站八十二里至塞勒佛特庫站六十一里至佛斯亨站七十三里至富爾琿站七十里至崇古爾庫站七十里至鄂爾多穆遜站六十八里至妙嘎山站五里至三姓城同上

吼喇站按即今烏拉站蘇通站按即今蒐登站一而門站按即今伊勒們站刷煙站一巴旦站按即今伊巴丹站阿爾坦厄墨爾站黑爾索站夜河站按即今葉赫站蒙古河洛站共九處種地七千九百六十晌八旗通志二十

金周俄佛洛站[按即今金珠俄佛羅站]書蘭站法他哈站登格爾哲庫站[按即今登伊勒哲庫站]蒙古站討來詔站孫札波站蒿子站舍力站北都訥站厄和木站[按即今額赫穆站]拉法站推吞站俄莫和索洛站[按即今額摩和索羅站]畢爾漢必拉站沙蘭站甯古塔站共十七處種地一萬零六百四十三晌[同上]

柳條邊威遠堡門四十里至棉花街[按即蒙古和羅站]五十里至也合站[按即今葉赫站]五十里至火燒嶺三十里至黑爾蘇站[按即克爾蘇站]三十里至小孤山四十里至大孤山[按即阿坦額墨勒站]三十五里至易屯河[按即今伊通州城]二十五里

至一把旦二十五里至石頭河三十五里至雙楊河按即蘇斡延站六十里至衣兒門按即伊勒們站二十里至沙犇三十里至一拉溪二十里至搜登二十里至水哈三里至小水哈五十里至船廠過混同江按應作松花江至尼什哈站三十里至交密峰四十里至厄黑木站按即額赫穆站十里至那本窩稽三十里至山神廟五十里至拉筏站七十里至退屯站三十里至色出窩稽六十里至朱崙多河五十里至俄莫賀索落站按即額摩和索羅站百里至必兒漢必拉站四十里至德林二十里至沙蘭站四十里至藍旗溝四十里至甯古塔柳邊紀畧

以上原設站道與同
吉林額設馬八百五十四牛八百五十頭會典事例五百六十
一
康熙五十七年議准吉林驛馬每年十分之内倒斃不得過三分驛牛每年十分之内倒斃不得過四分其買補價銀每馬准開銷九兩牛准開銷七兩又議准吉林每馬倒斃交皮臟變價銀五錢牛倒斃交皮臟變價銀三錢其變價銀留奏次年買補馬牛之用同上
吉林額設驛站每歲買補馬牛價銀四千三百六十

五兩一錢廩給銀五百兩皆由戸部支給同上五百五十八

以上額設牛馬

順治十八年題准往甯古塔將軍等官給車十輛副都統等官八輛參領等官六輛佐領等五輛驍騎校等三輛甲兵等一輛同上五百六十四

康熙元年題准自甯古塔回京將軍給車五輛副都統四輛參領佐領三輛驍騎校二輛甲兵一輛同上

二年題准往甯古塔駐防官兵馬匹冬季許在

盛京歇養一月春季歇養二十日兵部發往空馬冬季歇養二十日春季十五日沿途每宿止給空草同上

三年題准公務差遣騎乘本身馬匹自甯古塔來者春冬許其餧養二十日夏秋十五日口糧燒柴等物並馬匹草料咨行該部給發回日每宿止給空草上同三十年題准吉林給發勘合火牌十張專城副都統給發勘合火牌各三張如有公事用過勘合火牌年終將用過緣由數目造册奏銷雍正八年覆准吉林烏拉金珠鄂佛羅等站應用廪給銀兩每年以五百兩爲定額如有餘賸留爲次年應付同上五百五十八五十五年議准甯古塔因公事差遣騎自巳馬匹來京者由部移咨戶部給與十日口糧如在京候部題

覆者給與二十日口糧回日每馬日給空草一束若
係牧場馬匹日給料二升
雍正十三年議准吉林甯古塔等處地處口外路途
遥遠該將軍都統副都統等賫進本章准差正副二
人每人准帶從役一人如有官物需人背負者於火
牌内注明緣由儻違例多用照多塡馬匹例議處同上
五百六
十四
以上給車馬
乾隆十九年奏准駐防各官赴任皆按品級給與車
馬口糧及草料除車輛口糧各處例皆畫一無庸置

議外惟馬匹一項甯古塔等處向有中途餧養之例至拉林吉林伯都訥三姓琿春等處同一道遠駐防又例不餧養事不畫一且駐防各官接家眷按站行走於中途並不住歇是以甯古塔等處向來請領歇餧草豆者亦屬稀少應將中途餧養馬匹之例停止同上五百六十五

二十七年遵

旨議定賞給烏拉採捕蜂蜜人等皮襖布疋打牲烏拉總管領取賞給緞疋等項吉林等處伴送赫哲費雅喀人等來京求親拉載賞給緞疋等項又差員恭進蜂蜜

魚翅野豬鹿尾貂皮松子併箭杆雕翎等項又運送
人蔘樺皮錯草均給與車價令其自行僱覓如軍營
撤回吉林等處官兵送回原處仍令沿途應付車輛
其應折車價自京至直省末站由兵部覈明程途里
數照直隸車價定例移咨戶部給領以後凡經由地
方俱令各省首站覈明該省應行站數各照原定車
價彙行給發在外由管驛衙門覈明本省程站先行
給領經過各地方亦令首站將該省應行站數彙行
給發所需車價俱於驛站項下動支先行報部查覈
仍將每年用過銀兩開明差使併程途里數於驛站

奏銷案內造具僉册報部覈銷同上

以上給驛

本章到京日期吉林將軍限十二日伯都訥副都統限十五日甯古塔副都統限十六日三姓副都統限二十二日阿勒楚喀原作阿勒楚喀副都統限二十三日同上五百六十六

乾隆三十三年議准凡議處案件查取職名者查辦雖由所屬協領佐領等官覈轉總以接奉部咨之日爲始限定十日出文咨送如有必須行查所屬者即按轉查程途月日若干逐一扣明咨部覈定到京程

途日期吉林將軍衙門至京二千八百八十二里限
二十九日其行查公文限何日到省之處即於封面
上註明咨覆各部公文亦將限何日到京之處於封
面上註明於接到公文時按日覈對如有逾違查係
何處遲延即將該管官照例議處同上

以上程限

原定

盛京禮部差官送長白山致祭品物據文行

盛京將軍撥領催兵丁部給兵票火票沿途車輛

欽天監頒發時憲書吉林者由部另給火票自

盛京遞送同上五百八十三

吉林將軍差領催人等齎送表箋由部據各處來文給勘合火牌沿途應付廩糧馬匹到京將勘合火牌繳兵部換給勘合火牌回日支給廩糧馬匹將所換勘合火牌繳部歲終彙繳兵部察繳奏銷同上

吉林送海東青等物據將軍勘合火牌沿途應付廩糧馬匹甯古塔打牲烏拉等處送東珠人薓貂皮蜂蜜松子松花江綠石樺皮等物據將軍勘合火牌及總管來文沿途應付廩糧車馬移

盛京將軍撥兵護送部給兵票回日照所換兵部勘合

火牌應給同上

盛京工部運送吉林火藥船子等物據文移

盛京將軍撥兵護送部給兵票火票同上

吉林赴

京師領取修理舟楫應用油蔴鐵等物回日據兵部兵

票換給

盛京工部來文給火票移

盛京將軍撥兵護送同上

吉林將軍領取賞給赫哲費雅喀等處綢緞等物據

盛京禮部來文給火票同上

甯古塔打牲烏拉等處領取俸餉草豆及節孝建坊
銀據
盛京戶部來文給火票同上
打牲烏拉總管領取包魚白布等物據
盛京禮部工部來文給火票赴
京師領取蜂蜜裝袋等物回據兵部火票同上
又定吉林馳驛官役騷擾驛站照直隸各省騷擾驛
站例許驛站官一面申報該將軍一面報部察實照
例治罪如應付遲誤轉揑款誣報者亦照例治罪如
官役實在騷擾該管官徇情不報部者發覺照徇情

例議處同上

以上奉差員役

原定赫哲費雅喀等處進貢貂皮江獺皮等物據吉林將軍勘合火牌及開原城守尉來文沿途給車移盛京將軍撥兵護送部給兵票回日據兵部兵票火票換給沿途給車移將軍撥兵護歸同上

以上貢使

原定武職官自

京師陞任至吉林由部換給火票沿途給車吉林武職官及領催兵丁身故吉林拉林等處種地兵丁身故

其妻子移歸

京師者均據將軍勘合火牌沿途給車同上

以上赴任歸旗

原定刑部發遣吉林人犯據兵部火票換給移

盛京將軍撥官兵解送有婦女老幼殘廢者據兵部火

票換給沿途給車自吉林解往

京師及各省人犯據開原城守尉來文移

盛京將軍撥官兵解送據各將軍火票沿途給與飲食

發遣吉林人犯身故其妻准回籍據將軍火票沿途

給驢無驢給車同上

原定凡差祭長白山及採取蜂蜜細鱗魚出邊官役據
盛京禮部來文差取松子箭杆等物出邊官役據
盛京內務府來文差送吉林火藥蘆席等物出邊官役據
盛京工部來文各給與門單守邊官驗放出入官員自
京師陞任至吉林者據山海關副都統來文同上
盛京各衙門官以事往吉林者據各衙門來文各給門單守邊官驗放出入吉林將軍副都統等差官領取
春秋俸餉據將軍副都統來文差官往

京師領取修理戰船油鐵等物據
盛京工部來文打牲烏拉總管差官領取春秋俸餉據
總管來文回日併與門單守邊官驗出赫哲費雅喀
等處進貢貂皮水獺皮等物回日據山海關副都統
來文給與門單守邊官驗出同上

以上關門禁防

康熙三十一年議准吉林將軍慶賀表箋專差恭進
其所屬各副都統彙入該將軍衙門恭進同上五百六十八
按會典又載東三省各衙門慶賀表箋彙入
盛京將軍衙門由驛遞恭進與此不同
雍正五年覆准直省本章遇有霉溼破損或由本處

拜發之時包封不謹或由沿途齎送不謹應分别參
處嗣後有本章將裝本原箱嚴密封固於到京之日
令提塘及齎本官役將裝本原箱由通政司使閲看
或係內裏霉溼破損抑或外面霉溼破損查驗明確
一面揭送內閣一面咨明本部行查議處如內裏霉
溼破損將具題官罰俸六月外面霉溼破損係專差
者將差官罰俸六月差役笞四十由驛站遞送者換
查係何驛霉溼破損將馬夫笞四十司驛官罰俸兩
月駐防官將軍都統副都統等本章有霉溼破損者
亦照此例行同上

乾隆三十七年議准嗣後無論軍營以及
內廷交發各省將軍等報匣夾板並軍機處加封書字
暨外省拜發題奏本章均關緊要應通行將接遞過
一切事件開明程途限行里數以及接遞入境出境
月日時刻某站於某時某刻接收於某時某刻遞交
下站有無遲緩逐一登明按月造册送部以憑查覈
同上
以上遞揩
甯古塔至琿春無站按今已設站亦無旅店有卡倫六處
傳遞公文甯古塔九十里曰瑪勒呼哩一百二十里

日薩奇庫八十里曰噶哈哩四十里曰哈順八十里曰穆克德和七十里曰密占行旅往來自裹餱糧假宿卡倫間有輜重車輛隨地露宿者名曰打野盤外紀

邊外驛站相去不一或百里或百餘里或七八十里七八十里者三九月間亦必走馬竟日乃得到行稍遲或冬月日短發不早鮮有不露宿者原注土人謂之打野營露宿必傍山依林近水草年少而賤者持斧伐木燎火自衛或聚石爲竈出銅鍋作粥人持一木椀啜之雨雪至無從避披裘凍坐而已柳邊紀略

每站設筆帖式一按俗名幫識撥什庫一按俗呼千總莊頭三

小頭一壯丁不爲限大抵業農賈小頭者役於撥什
庫者也莊頭者管壯丁者也撥什庫專司應付筆帖
式登記檔案以體統言之筆帖式有印若尊於撥什
庫而派軍馬草料則不敢侵其權是以一站之人惟
撥什庫是畏前此每站居人多者數百家少者數十
家今愛琿將軍盡撥壯丁爲水手工匠而山東西與
京東之流寓者奉天將軍又復驅之入關存者不過
十餘家而站廢矣同上

以上舊事

電報附

光緒十一年十一月北洋大臣李鴻章會同將軍希元奏設吉林電綫通邊防消息

詔可於是設電報局會城而琿春甯古塔伯都訥亦各有所設猶之分局不名分局以有司事無委員蓋限於經費

十三年練兵大臣穆圖善奏請展設電綫至黑龍江

詔李鴻章經其事

十九年總理衙門議准吉林與俄接綫以通洋報七月琿春之綫遂與俄國那和期司克地方相接

綫道西界與奉天分自威遠堡邊門緣站道而東曰蒙古和羅站蒙赫站克爾蘇站阿勒坦額墨勒站伊

巴丹站蘇斡延站伊勒們站蒐登站以達會城都五百餘里

自會城迤東曰烏拉站額赫穆站拉法站退摶站伊奇松站額摩和索羅站塔拉站必爾罕畢喇站沙蘭站以達甯古塔都八百餘里

甯古塔迤南曰新官地站瑪勒瑚哩站老松嶺站薩奇庫站瑚珠嶺站哈順站大坎子站穆克德和站密占站以達琿春都六百餘里

迤東而北曰金珠鄂佛羅站法特哈站登伊勒哲庫站陶賴昭站遜札堡站浩色站社哩站徑伯都訥達

伯德訥站與黑龍江綫道接都六百餘里

電綫有水旱旱綫可二十丈立桿桿入地可二尺甕瓶旁綴其顛而綫會瓶內吉林沙鬆木脆風雷不時故綫斷桿欹較他行省爲數

水綫江河寬廣不可以桿則沉綫於水兩岸各築屋一中置交承電綫器令水綫與旱綫通巡弁局護之

報凡四等頭等報惟軍機處總理等衙門南北洋大臣暨各直省將軍督撫事關軍國者發之二等局報三四等官報商報

轉報東三省曩由奉天電報局轉發越十九年與俄

接線各電報改由吉林轉發
經費瓶設工程銀十三萬餘兩借撥爲多黑龍江展
設工程該省自行奏報常年局費修費由局自行開
支彙報天津總局巡護桿綫以每站站官爲巡弁站
丁爲巡丁歲由局津貼銀兩以專責成而黑龍江月
有協濟
局有委員有領班有報生有洋匠派自總局不屬本
省上官云
光緒十一年十一月北洋大臣李鴻章將軍希元奏
言竊維電綫之製始自泰西近年來風會所趨幾偏

天下而中外之軍情商務瞬息可通去歲法夷肇釁藉電報之力以速戎機此其效之已著者也查吉林琿春地方逼近俄疆距省較遠驛遞文報動輒經旬設遇邊情緊急深恐貽誤事機現在津滬電綫已由營口設至奉天如再由奉天迤東設至吉林省城直達琿春非特邊務文報無虞梗塞卽南北消息亦較便捷惟一切用款籌措維艱當由 臣希元咨商 臣李鴻章飭據總辦電報局直隸候補道盛宣懷稟覆以各省所辦電綫每里合銀五六十兩或百餘兩不等吉琿設電姑照津滬工程核算每里合銀六十五兩

六錢有奇計自奉至吉以達琿春二千餘里估需銀十三萬餘兩吉林商務蕭索礙難由商局集股興造勢須籌撥官款方可集事臣等查吉林展造電綫原奏注重邊防實難盡資商力將來如能展與俄綫相接則商報漸通方可仿各省辦法售與商局接辦通盤籌畫吉省木植雖賤而造綫物料尚多購自外洋需款浩繁該道所估十三萬餘兩吉林萬難籌此鉅款復經臣等往復函商擬籌官款十萬兩發交電局代爲設造其不敷之三萬餘兩由該道勸諭衆商集資相助卽照各省展綫成案分年由該商局繳還官

本仍酌提若干抵扣官報信資至常年局費修費均由商局自行開支惟此官本十萬兩吉省北洋同一款項支絀無法籌措查廣西龍州朝鮮各處造設電綫經費均在海關項下先行撥借臣等再四思維惟有請
旨飭下總理各國事務衙門由滬關出使經費項下援案撥借銀五萬兩以濟要工其餘五萬兩並請
飭部庫暫行照數借墊由吉林防餉項下分作五年扣還歸款如蒙
俞允再由臣李鴻章轉飭道員盛宣懷選派熟手委員帶

同洋匠前往勘辦
詔從之檔冊
十四年三月日將軍希元奏言查北洋大臣奏稱展
設吉林電綫借撥銀五萬兩因邊防緊要先其所急
應由該省籌還亦非北洋應還之款該省瘠苦能否
籌還由臣咨催自行奏明辦理等語是邊省瘠苦籌
款維艱已在
聖明洞鑒之中且前借部庫銀五萬兩旣由防餉項下分
年扣還又值籌濟河工裁節夫役通計防餉之內實
無可騰挪其俸餉練餉均屬奇絀更實難於設措思

維再四無計籌還籲懇
天恩准將前借出使經費銀五萬兩
飭下總理各國事務衙門北洋大臣即由出使經費項下
核算免其籌款歸還
詔從之上同
以上電報

前代

金

自雄州至上京會甯府二千七百五十里第三十二程自富魯貝勒（舊作蒲里孛堇）寨四十里至黃龍府遼太祖射黃龍於此第三十三程自黃龍府六十里至托色（舊作托撒）貝勒寨第三十四程自托色貝勒寨九十里至曼濟勒噶（舊作漫七離）貝勒寨道旁有契丹舊益州賓州空城第三十五程自曼濟勒噶一百里至呼勒希（舊作和里閑）寨曼濟勒噶行六十里卽古烏舍寨寨枕混同江湄過江四十里宿呼勒希寨第三十六程自呼勒

噶希寨九十里至矩古（舊作句孤）貝勒寨第三十七程自矩古寨七十里至達河寨第三十八程自達河寨四十里至布達（舊作蒲撻）寨第三十九程自布達寨五十里至館行二十里至烏舍（舊作兀室）郎君宅又三十里至館

許亢宗奉使行程錄

信州北至威州四十里威州至小寺鋪五十里小寺鋪至勝州鋪五十里勝州鋪至濟州四十里濟州至濟州東鋪二十里濟州東鋪至北易州五十里北易州至賓州渡混同江七十里賓州至報打孛堇鋪七十里報打孛堇鋪至來流河四十里（按金史詳校來作三十里）

流河至阿薩鋪四十里阿薩鋪至會甯第二鋪三十五里會甯第二鋪至會甯頭鋪四十五里會甯頭鋪至上京三十里自上京至燕二千七百五十里自燕至東按金史詳校東作南下放此京一千三百一十里自東京至泗州一千三百四十四里張棣金圖經

信州彰信館七十里至勝州來德館五十里至山寺鋪會方館五十里至威州盛德館五十里至龍驤館六十里至洋州常年館六十里至濱州混同館六十里至高平館四十里至同流館五十里至沒搭合孛堇來同館七十里至烏龍館三十里至虜寨號御寨

雲麓漫抄

元

遼陽等處行中書所轄總計一百二十處馬六千五百一十五匹車二千六百二十一輛牛五千二百五十九隻狗站一十五處原設站戸三百狗三千隻後除絶亡倒死外實在站戸二百八十九狗二百一十八隻元史一百一兵志

元貞元年六月詔遼陽省進海東青鶻二十四驛每驛給牛六頭使者食米五石鷹食羊六口又狗遞十二驛給鈔十錠元史十八

大德四年十一月併遼陽省所轄狗站牛站爲一仍給鈔以賙其乏元史二十

大德八年禁諸王駙馬乘驛　按本紀是年春正月諸王駙馬往遼東捕海東青鶻者毋給驛四月甲午詔朝廷諸王駙馬進捕鷹鶻皆有定戶自今非鷹師而乘傳冒進者罪之圖書集成戎政典二百五十八

至大元年奏請進海東青鶻者乘驛諸王以璽書准舊制定數　按本紀是年春正月甲戌中書省臣言進海東青鶻者當乘驛馬五百不敷敕遣奇味英通原作應重一作怯列應重括民間車馬兵部請以各站馬陸續而

進勿括爲便從之四月辛亥樞密院臣言諸王各用其印符乘驛使臣旁午驛馬困乏宜准舊制量其馬數降以璽書奏可同上

至順元年給末魯孫及奉元驛鈔市補狗馬　按本紀是年九月丁未遼陽行省碩達勒達路自去夏霖雨黑龍松阿哩二江水溢民無魚爲食至是邁拉遜一十五狗驛狗多餓死賑糧兩月狗死者給鈔補市之十月甲子以奉元驛馬瘠死命陝西行省給鈔三千錠補市之同上

高麗以北名别十八華言連五城也罪人之流奴兒

干者必經此其地極寒海亦冰自八月卽合至明年四五月方解人行其上如履平地征東行省每歲委官至奴兒干給散囚糧須用站車每車以四狗挽之狗悉諳人性狗站有狗分例若尅減必嚙其主者至死乃已輟耕錄

明

會同館國初改南京公館爲會同館永樂初設會同館於北京三年併烏蠻驛入本館正統六年定爲南北二館北館六所南館三所凡遼東建州毛憐海西等衞女直朶顏三衞等衞俱於北館安頓四裔使臣除有例

開市交易外不許往來街市交接間人違者將該管
官人員參送問罪明會典一百四十五
成化十六年奏准朵顔三萬建州等衛差來進貢人
員俱支廪給同上
嘉靖三十七年定遼東陝西薊州等處差官舍伴送
朵顔泰寧海西建州等衛夷人朝貢都督都指揮俱
支廪給應付下等馬各一匹指揮以下俱支口糧應
付驛驢各一頭伴送官支廪給舍人支口糧俱驛驢
各一頭賞賜物件驗包撥車明會典一百四十八
凡禮部差官伴送海西建州女直貢使回還兵部先

於經過地方委通判一員前去所屬驛遞催辦應付同上

佛多和站舊曰弗朵河今譯改　按佛多和河有三一在吉林東三百八十里一在吉林南八百四十餘里一在甯古塔城西三百三十里站名未知何屬盛京通志口十口

博和嘞站舊曰播爾賓今譯改　按博和嘞在吉林城東北同上

赫勒爾站舊曰黑勒里今譯改　按黑勒爾河在吉林東北同上

烏蘇站舊曰五速今譯改　按烏蘇城故屬葉赫部

我

太祖高皇帝癸丑年九月征葉赫破烏蘇等十九城同上

富達哩站舊曰佛荅林今譯改　按富達哩噶珊在

甯古塔東北同上

烏都齊站舊曰古代替今驛改　按武都奇屯在甯

古塔東北同上

以上前代驛站

吉林通志卷五十八

職官志一 前代

漢

武帝元封三年滅朝鮮分置樂浪臨屯元菟眞番四郡昭帝始元五年罷臨屯眞番以併樂浪元菟元菟復徙居句驪自單單大領以東沃沮濊貊悉屬樂浪後以境土廣遠復分領東七縣置樂浪東部都尉建武六年省都尉官遂棄領東地悉封其渠帥爲縣侯

後漢書東夷傳

夫餘國以六畜名官有馬加牛加狗加其邑落皆主

屬諸加同上

挹婁邑落各有大人同上

東沃沮邑落有長帥同上

濊無大君長其官有侯邑君三老同上

高句麗置官有相加對盧沛者古鄒大加主部優台

使者帛衣先人同上

魏

夫餘有君王皆以六畜名官有馬加牛加豬加狗加

大使者邑落有豪民諸加別主四出道大者主數千

家小者數百家三國志東夷傳

東沃沮邑落各有長帥皆自稱三老故縣國之制也同上

後魏

勿吉邑落各自有長不相總一魏書一百

勿吉渠帥曰大莫拂瞞咄通典

豆莫婁皆以六畜名官邑落有豪帥魏書一百

高句麗官名有謁奢太奢大兄小兄之號同上

唐

開元十三年於黑水靺鞨內置黑水軍續更以最大部落爲黑水府以其首領爲都督諸部刺史隸屬焉

中國置長史就其部落監領之十六年其都督賜姓李氏名獻誠授雲麾將軍兼黑水經略使仍以幽州都督爲其押使舊唐書一百九十九下

渤海官有十五府六十二州又有獨奏州三新唐書靺鞨傳

遼

遼初建置簡質其後因俗酌宜漸參唐制分爲北南面官而北面又自有北南二院治兵治民不相淩越以至宫帳部族體統相承屬國邊防控制有術其定制之初職守名稱與古雖别而規模度量迥乎不侔矣惜史志缺略一銜一職往往僅舉曾居是官者以

實之班品祿秩均莫得而詳焉續通志五十一

北面邊防官

黄龍府兵馬都部署司一作都監署司遼史百官志二

黄龍府鐵驪軍詳衮原作詳穩司同上

東北路都統軍使司掌從軍之政令有都統軍使副使都監等官有掌法官道宗大安六年同上

咸州兵馬詳衮司有知咸州路兵馬事同知咸州路兵馬事咸州糺將同上

東北路兵馬詳衮司亦曰東北面詳衮使同上

東北路監軍馬司有東北路監軍馬使有管押東北

路軍馬事官同上

東北路女直詳衮司同上

北女直兵馬司同上

遼史百官志黄龍府都部署司各官乃長春路諸司控制東北諸國者也東北路兵馬詳衮司各官乃東北路諸司也概稱爲北面邊防官史稱其居四戰之區虎踞其間莫敢與攖觀邊防官而制勝之雄圖可見矣續通志六十一

南面大蕃府官

黄龍府知黄龍府事興宗重熙十三年見知黄龍府事耶律烏魯斯　按遼本紀開

泰中大康乂出知黃龍府是知黃龍府事不始於烏魯斯同知黃龍府事黃龍府判官黃龍府侍衛親軍馬步軍都指揮使侍衛親軍
都指揮使侍衛親軍副指揮使侍衛馬軍都指揮使
侍衛步軍都指揮使侍衛馬軍副指揮使侍衛步軍
副指揮使府學博士助教百官志四

南面方州官

泰州德昌軍節度兵事屬東北統軍司地理志一
長春府韶陽軍下節度兵事屬東北統軍司同上
通州安遠軍節度地理志二
賓州懷化軍節度兵事隸黃龍府都部署司同上

祥州瑞聖軍節度兵事隸黃龍府都部署司同上

益州觀察屬黃龍府同上

甯江州混同軍觀察初防禦後陞兵事屬東北統軍司同上

安遠州懷義軍刺史屬黃龍府同上

威州武甯軍刺史屬黃龍府同上

清州建甯軍刺史屬黃龍府同上

雍州刺史屬黃龍府同上

湖州興利軍刺史兵事隸東京統軍司同上

渤州清化軍刺史兵事隸東京統軍司同上

郢州彰聖軍刺史兵事隸北女直兵馬司同上

涑州刺史兵事隸南兵馬司同上

滕州昌永軍刺史同上

遼五京列峙包括燕代悉爲畿甸二百餘年城郭相望田野益闢冠以節度承以觀察等使分以刺史縣令大略採用唐制節度使朝廷命之不能州者謂之軍不能軍者謂之城不能城者謂之堡其設官則未詳云百官志四

遼代建東京於遼陽實有今奉天全省之地而上京之長春州東京之甯江州則其邊界所在長春當近

伯都訥甯江實傍拉林河計其疆域方位今之吉林甯古塔皆不能全隸版圖廣輪未爲縣邈然考之百官地理諸志則防守各職規制略備蓋兵馬都部署司都統軍使如今之各將軍咸州東北路詳袞諸司如今之分駐各副都統鐵驪軍糺將等官如今之總管協領而諸州郡兵事皆隸於統軍部署等司則如今各處駐防悉總屬於將軍副都統也歷代職官表四十八

南面財賦官

長春路錢帛司興宗重熙二十二年置 錢帛司官有都點檢續通志六十 大公鼎爲長春州錢帛都提點百官志四

按遼百官志謂遼以畜牧田漁爲稼穡財賦之官初甚簡易自聶呼教耕而後鹽鐵利用日以滋殖既得燕代益富饒焉續通志六十

北面部族官

部落曰部氏族曰族分地而居合族而處太祖之興多因俘降而置勝兵甲者卽著軍籍分隸諸路詳穩統軍招討司邊防糺戸生生之資仰給畜牧績毛飲湩以爲衣食各安舊風狃習勞事不見紛華異物而遷故家給人足戎備完整營衛志中

大部族有大王本名額爾奇木左右宰相太師太保大尉司

徒本名特哩袞節度使司詳袞司有詳袞都監將軍小將

軍錫里縣也有錫里額爾奇木錫里瑪爾布亦曰馬步本名錫里

達爾罕錫里伊埒穆爾鄉也有錫袞續通志六十一

小部族有司徒府司徒司空又節度使司詳袞司又

錫里有令袞瑪爾布伊埒穆爾有錫袞同上

烏延原作隈衍突厥部隸北府屬黃龍府都部署司營衛志下

阿雅原作奥衍突厥部同上

北唐古部隸北府節度使屬黃龍府都部署司同上

珠展達嚕噶部隸北府節度使屬東北路統軍司同上

五國部博和哩原作剖阿里國富珠哩原作盆奴里國鄂羅木

原作奥　國伊哷圖原作越　國伊埒濟原作越　國聖宗
里米　　　　　　里篤　　　　　　里吉
命居本土以鎮東北境屬黃龍府都部署司重熙六
年罷五國酋帥設節度使以領之上同

北面屬國官

遼制屬國屬部官大者儗封王小者准部使命其酋
長與契丹人區别而用恩威兼制得柔遠之道考其
可知者具如左志二百官

屬國有大王裕悅左右相特哩袞太師太保司空諸
部節度使司有使副使諸國詳袞司有詳袞都監小
將軍六十一續通志

女直國順化王府百官志二下皆同

北女直國大王府

長白山女直國大王府

鴨綠江國女直大王府

瀕海女直國大王府

鐵驪國王府

靺鞨國王府

濊貊國王府

伯里原作怕里國王府

佛甯國王府以上諸國

博羅滿達勒原作蒲盧毛朵部大王府

輝發原作回跋國大王府

黃龍府女直部大王府以上大部

生女直部

渤海部

納喇原作涅刺部

烏舍原作兀惹部亦曰烏惹部

率瓆部

富珠哩原作蒲奴里部

瓜爾佳呼喇巴原作鬧古胡里扒部以上諸部

按百官志大部職名並同屬國諸部職名並同部族其以諸國稱者則曰王府大王府以大部稱者皆曰大王府以諸部稱者但曰部續通志六十一

金

上京路會甯府下初爲會甯州太宗以建都陞爲府天眷元年置上京留守司以留守帶本府尹兼本路兵馬都總管後置上京海蘭等路提刑司金史地理志上

肇州下防禦使舊珠赫店也天會八年以太祖兵勝遼肇基王迹於此遂建爲州天眷元年十月置防禦使隸會甯府海陵時嘗爲濟州支郡承安三年復以

爲太祖神武隆興之地陞爲節鎮軍名武興五年置漕運司以提舉兼州事後廢軍貞祐二年復陞爲武興軍節鎮置招討司以使兼州事同上

隆州下利涉軍節度使古扶餘之地遼太祖時有黃龍見遂名黃龍府天眷三年改爲濟州以太祖來攻城時大軍徑涉不假舟楫之祥也置利涉軍天德二年置上京路都轉運司四年改爲濟州路轉運司大定二十九年嫌與山東路濟州同更今名貞祐初陞爲隆安府同上

扶餘路國初置萬戶海陵例罷萬戶乃改置節度使

承安三年設節度副使同上

海蘭路置總管府貞元元年改總管爲尹仍兼本路兵馬都總管承安三年設兵馬副總管同上

率賓路節度使遼時爲率賓府置刺史本率賓故地太宗天會二年以扎蘭路都貝勒所居地瘠遂遷於此以海陵例罷萬戶置節度使因名率賓路節度使世宗大定十一年以扎蘭率賓相去千里既居率賓然不可忘本遂命名親管明安曰扎蘭明安承安三年設節度副使同上

呼爾哈路國初置萬戶海陵例罷萬戶乃改置節度

使承安三年置節度副使同上
烏爾古德哷勒路統軍司後陞爲招討司與扶餘路近同上
咸平路咸平府下總管府安東軍節度使本高麗銅山縣地遼爲咸州國初爲咸州路置都統司天德二年八月陞爲咸平府後爲總管府置遼東路轉運司
東京咸平路提刑司同上
諸京留守司留守一員正三品帶本府尹兼本路兵馬都總管同知留守事一員正四品帶同知本府尹兼本路兵馬都總管副留守一員從四品帶本府少

尹兼本路兵馬副都總管留守判官一員從五品都
總管判官一員從五品掌紀綱總府衆務分判兵案
之事推官一員從六品掌同府判分判刑案之事上
京兼管林木事司獄一員正八品司吏女直司吏上
京二十八譯人上京三人通事二人知法女直漢人
各一員抄事一人掌抄録事目書寫法狀公使百人
百官志三
上京提舉皇城司提舉一員從六品同提舉一員從
七品司吏一人同上
宣撫司泰和六年置八年改宣撫司爲安撫司咸平

隆安上京肇州置司使從一品副使正三品

按察司本提刑司承安三年以上京東京等提刑司併爲一提刑使兼宣撫使勸農採訪事爲名稱副使判官以兼宣撫副使判官爲名復改宣撫爲安撫各設安撫判官一員提刑一員通四員安撫司掌鎭撫人民譏察邊防軍旅審錄重刑事安撫判官則銜內不帶勸農採訪事令專管千戸穆昆安撫使副內差一員於咸平一員於上京分司承安四年罷咸平分司使在上京副在東京各設簽事一員承安四年改按察司貞祐三年罷止委監察採訪使一員正三品

掌審察刑獄照刷案牘糾察濫官汙吏豪猾之人私
鹽酒麴並應禁之事兼勸農桑與副使簽事更出巡
案副使正四品兼勸農事簽按察司事正五品承安
四年設判官二員從六品大定二十九年設知事正
八品承安三年上京者兼經歷安撫司使泰和八年
十一月省議以轉運司權輕州縣不畏不能規措錢
穀遂詔諸路按察使並兼轉運使副使兼同知簽按
察並兼轉運副添按察判官一員爲從六品遼東路
惟上京按察安撫使及簽事依舊署本司事遼東轉
運使兼按察副使同知轉運使兼簽按察司事轉運

副使兼按察判官添知事一員知法二員從八品書史四人書吏十八人抄事一人公使四十人上京路設簽按察司事二員上京簽安撫司事上京東京等路按察司並安撫司使正三品鎮撫人民譏察邊防軍旅之事仍專管明安穆昆教習武藝及令本土純愿風俗不致改易副使二員正四品簽安撫司事正五品簽按察司事正五品知事兼安撫司事正八品知法四員從八品書史四人上京東京書史十八人女直十二人漢人六人右按察使於上京副使於東京各路設簽事一員分司勾當惟安撫司不帶勸農字

內知事於上京自餘並於兩處分減存設
諸總管府謂府尹兼領者都總管一員正三品掌統
諸城隍兵馬甲仗總判府事同知都總管一員從四
品掌通判府事兵馬副都總管一員正五品所掌與
同知同總管判官一員從六品掌紀綱總府眾務分
判兵案之事府判一員從六品掌紀綱眾務分判戶
禮案仍掌通檢推排簿籍推官一員正七品掌同府
判分判工刑案事知法一員司吏女直咸平府十二
人海蘭路十八海蘭路二人譯人咸平三人海蘭二
人通事海蘭路高麗通事一人凡諸府置員並同惟

海蘭路無府事同上

諸府謂非兼總管府事者尹一員正三品同知一員正四品少尹一員正五品府判一員從六品掌紀綱衆務分判吏戶禮案事專掌通檢推排簿籍推官一員正七品掌同府判兵刑工案事府教授一員知法一員同上

諸節鎮節度使一員從三品掌鎮撫諸軍防刺總判本鎮兵馬之事兼本州管內觀察使事其觀察使所掌並同府尹兼軍州事管內觀察使同知節度使一員正五品通判節度使事兼州事者仍帶同知管內觀察使副使一員從五品節度判官一員正七品掌

紀綱節鎮衆務僉判兵馬之事兼制兵刑工案事觀
察判官一員正七品掌紀綱觀察衆務僉判吏戶禮
案事通檢推排簿籍知法一員州教授一員司獄一
員正八品司吏女直隆州十四人泰州十一人率賓
呼爾哈各十八扶餘八肇州三八公使上鎮七十中
六十五下六十八惟扶餘呼爾哈率賓各二十八哈
斯罕路扶餘路呼爾哈路率賓路四節鎮省觀察判
官而無州事上同
諸防禦州防禦使一員從四品掌防捍不虞禦制盜
賊餘同府尹同知防禦使事一員正六品掌通判防

禦使事判官一員正八品掌簽判州事專掌通檢推
排簿籍知法從九品州教授一員司軍從九品軍轄
兼巡捕使從九品同上
諸刺史州刺史一員正五品掌同府尹兼治州事同
知一員正七品通判州事判官一員從八品簽判州
事專掌通檢推排簿籍司軍從九品知法一員軍轄
兼巡捕使從九品
諸府節鎮錄事司錄事一員正八品判官一員正九
品同上
漕運司提舉一員正五品同提舉一員正六品勾當

官從八品掌催督起運綱船司吏六人分掌課使起運兩科各設孔目官前後行各一人傔使科掌吏戶禮案起運科掌兵刑工案公使八十一人押綱官七十六人肇州以提舉兼本州同知同提舉兼州判同上

統軍司河南山東陝西益都使一員正三品督領軍馬鎮攝封陲分營衛覘察姦副統軍一員正四品判官一員從五品紀綱庶務簽判司事大定九年置知事一員從七品知法二員從八品女直漢人各一同上

招討司三處置西北路西南路東北路使一員正三品副招討使二員從四品招懷降附征討攜離判官一員從六品紀

綱職務簽判司事勘事官一員從七品知事一員正八品知法二員從八品女直漢人各一同上

諸明安穆昆隸焉明安從四品掌修理軍務訓練武藝勸課農桑餘同防禦諸穆昆從五品掌撫輯軍戶訓練武藝同上

諸部族節度使節度使一員從三品統制各部鎭撫諸軍餘同州節度副使一員從五品判官一員知法一員同上

諸乣詳袞一員從五品掌守戍邊堡餘同穆昆皇統八年六月設本班左右詳袞定爲從五品默濟格一

員從八品掌貳詳袞同上

其部長曰貝勒行兵則稱曰明安穆昆從其多寡以爲號明安者千夫長也穆昆者百夫長也穆昆之副曰富埒琿士卒之副從曰伊勒希兵志

東北路部族糺軍曰德哷勒部承安三年改特哩袞扎薩克節度使按扎薩克原作扎石合曰唐古部承安三年間改博勒和扎薩克節度使二部五糺戶五千五百八十五其諸路曰海蘭曰扶餘曰率賓原作恤頻曰呼爾哈曰伊蘭伊蘭後廢皆在上京之鄙或置總管府或置節度使同上

禁軍之制本於哈濟穆昆哈濟者言親軍也以近親

所領故以名焉同上

大將府治之稱號收國元年十二月始置咸州軍帥司以經略遼地討高永昌置南路都統司且以討張覺天輔五年襲遼主始有內外諸軍都統之名時以奚未平又置奚路都統司後改爲六部路都統司以約尼九營爲九明安隸焉與上京及泰州凡六處置每司統五六萬人又以渤海軍爲八明安凡明安之上置軍帥軍帥之上置萬戶萬戶之上置都統然時亦稱軍帥爲明安同上

大定二十二年上京亦設守衞軍是年尚書省奏上

京旣設皇城提舉官亦當設軍守衞上曰可設四百五十馬一百二十分三番更代異時朕至上京卽作兩番巡警限以半年交替人日給錢五十米一升半馬給芻粟明安穆昆官可差年四十上下者軍士並取三十以上者充同上

金代肇迹上京其疆域袤延與

本朝肇業之地廣輪最爲相合核之史傳會甯府當在今甯古塔西六百三十里吉林城東北二百餘里之色齊窩集左右夫餘路在上京之北率賓路在上京之南海蘭路又在率賓東南呼爾哈路則在甯古塔

之境咸平路在開原鐵嶺間而會甯府實居其中當時備設官職率兵鎮守其分地以治者有兵馬都總管兵馬副總管節度使節度副使其專制方面者有東北路招討使副招討使烏爾古德呼勒招討使東北路招討都監建置不一要其大略蓋上京如今之奉天府而夫餘海蘭率賓呼爾哈烏爾古德呼勒諸路則如今吉林甯古塔各置帥臣之比其分為東南東北二路者東南都統司卽東京留守所治專轄遼東以控馭高麗東北招討司則自今甯古塔吉林以及科爾沁喀爾喀諸地無不統屬封界極爲廣遠而

瓜爾佳衡傳又有樞密行院之職則隨時建設以治邊事事訖即罷非常制也歷代職官表四十八

元

元太祖起自朔土統有其衆部落野處非有城郭之制國俗湻厚非有庶事之煩惟以萬戸統軍旅以斷事官治政刑任用者不過一二親重貴臣耳及取中原太宗始立十路宣課司選儒臣用之金人來歸者因其故官若行省若元帥則以行省元帥授之草剏之初固未暇爲經久之規矣世祖即位登用老成大新制作立朝儀造都邑遂命劉秉忠許衡酌古今之

宜定內外之官體統旣立在內者則有寺有監有衞有府在外者則有行省有行臺有宣慰司有廉訪司其牧民者則曰路曰府曰州曰縣官有常職位有常員其長則蒙古人爲之而漢人南人貳焉於是一代之制始備百年之閒子孫有所憑藉矣元史百官志

至元三十年世祖謂哈喇巴圖爾曰納延故地曰阿巴拉呼者產魚吾今立城而以元蘇爾噶哈努森奇爾濟蘇三部人居之名其城曰肇州汝往爲宣慰使旣至定市里安民居得魚九尾皆千斤來獻元史三列傳

十一年罷肇州宣慰司併入遼東道本紀十八

部擬河南等路宣慰司係外任從二品與隋朝各部
正三品衙門相同開元等路宣撫司外任正三品元史
選舉志
中統二年以開元路隸北京宣撫司旋罷十路宣撫
司止存開元路三年割遼河以東隸開元路罷開元
宣撫司至元三年立開元率賓海蘭博索等路宣撫
司十五年改開元宣撫司爲宣慰司二十三年廷議
以東北諸王所部雜居其間宣慰司望輕罷山北遼
東道開元等路宣慰司立東京等處行中書省未幾
罷遼陽等處行中書省復北京咸平等三路宣慰司

元史百官志

元初癸巳歲出師伐遼東生擒金叛將布希萬帑師至開元率賓東土悉平乙未歲立開元南京二萬戶府治黃龍府至元四年更遼東路總管府二十三年改爲開元路元史地理志

諸路總管府至元二十年定十萬戶之上者爲上路十萬戶之下者爲下路當衝要者雖不及十萬戶亦爲上路上路秩正三品達嚕噶齊一員總管一員並正三品兼管勸農事江北則兼諸軍鄂羅同知治中判官各一員下路秩從三品不置治中員而同知如

治中之秩（元史百官志）

海西遼東哈斯罕等處鷹房諸色人匠齊哩克昆萬戸府正三品達嚕噶齊一員萬戸一員副萬戸一員（元史百官志）

海蘭府碩達勒達（滿洲語碩直也達勒達遮蔽也原作水達達今改正）等路土地曠闊人民散居元初設軍民萬戸府五鎮撫北邊一曰屯（甯古塔境內河原作桃温今改正）一曰呼爾哈一曰鄂多理（卽鄂多理城爲我朝最初發祥之地在興京東二千五百里長白山之東原作斡朵憐今改正元地理志作烏圖哩）一曰托果琳（蒙古語周圍也原作脫斡憐今改正）一曰布呼（滿洲語鹿也原作孛苦今改正元地理志作布固江）各有司存分領混同江

南北之地其居民皆碩達勒達女直之人設官牧民隨俗而治歷代職官表夫餘原作蒲峪今並改正路屯田萬戶府世祖至元二十九年以鑾軍三百戶女直一百九十戶於咸平府屯種命本府萬戶領其事仍於楚勒罕拉林等處立屯三十一年罷萬戶府屯田仁宗大德二年撥鑾軍三百戶屬肇州蒙古萬戶府依舊立屯肇州蒙古屯田萬戶府成宗元貞元年以納延蒙古語八十數也原作乃顏今改正布拉噶齊蒙古語捕貂人也原作不魯古赤今改正及打魚碩達勒達女真避遼興宗諱改曰女直元史地理志等戶於肇州旁近地開耕爲戶元史兵志並歷

代職官表

上萬戶府管軍七千之上達嚕噶齊一員萬戶一員俱正三品中萬戶府管軍五千之上下萬戶三千之上秩俱從三品元史百官志

明

洪武四年置定遼都衛元置遼陽等處行中書省治遼陽路八年十月改都衛爲遼東都指揮使司治定遼中衛領衛二十五州二東至鴨綠江西至山海關南至旅順海口北至開原明史地理志

洪武初廢元開元路二十年置三萬衛於故城西兼

置兀者野人乞例迷女直軍民府二十一年府罷徙衞於開元城注東有分水東嶺北有分水西嶺又北有上河東北有艾河流合焉謂之遼海即遼河上源也又北有金水河北流入塞外之松花江同上

洪武永樂閒邊外歸附者置覊縻衞所官其長爲都督都指揮指揮千百戶鎭撫等官賜以敕書印記設都司一衞三百八十四所二十四明史兵志

都指揮使正二品衞指揮使正三品所設正千戶正五品副千戶從五品鎭撫百戶正六品凡衞所皆隸都司而都司又分隸五軍都督府洪武七年申定衞

所之制先是內外衛所凡一衛統十千戶一千戶統十百戶百戶領總旗二總旗領小旗五小旗領軍十至是更定其制每衛設前後中左右五千戶大率以五千六百人爲一衛一千一百二十人爲一千戶所一百二十八人爲一百戶所每百戶所設總旗二人小旗十人二十年始命各衛立掌印僉書專職理事以指揮使掌印同知僉事各領一所士卒有武藝不嫻器械不利者皆責所領之官自衛指揮以下其官多世襲其軍士亦父子相繼爲一代定制同上